A Map of My Heart

Deutsche Textfassung: Gundula Müller-Wallraf
Die Originalausgabe How To Write Love Letters
erschien erstmals 1995
bei Weidenfeld & Nicolson, The Orion Publishing Group, London.
Konzeption und Textauswahl der Originalausgabe:

Gestaltung: AB3 und Michelle Lovric

Produced by Imago

Printed and bound in China
ISBN 3-7607-1179-0

... Errungenschaften wie Ruhm, Schönheit,
Wahrheit, Wissen, Tugend und ewige Liebe
hat die Menschheit bisher
nur auf dem Papier erreicht.

George Bernhard Shaw

Die Kunst, Liebesbriefe zu schreiben

Love Letters

Michelle Lovric

arsEdition

Vorwort

Als ich im Februar 1995 zu einer Lesereise nach New York kam, um mein Buch *Love Letters – Dokumente der Leidenschaft* vorzustellen, hatte ich noch überhaupt keine Erfahrung mit den Medien. In meiner grenzenlosen Naivität versuchte ich also schon im Vorfeld, mich auf mögliche Fragen zu diesem ungewöhnlichen Buch vorzubereiten.

Ich legte mir eine Unzahl witziger kleiner Anekdoten zurecht, wie zum Beispiel über meine Suche nach besonders eindrucksvollen Originalbriefen, über das diplomatische Geschick, mit dem ich die Besitzer zur Veröffentlichung überredete, über die technisch schwierige originalgetreue Nachbildung der alten Wachssiegel, über meine Arbeit im berühmtesten Lesesaal der Welt – und ähnlich spannende Dinge.

Verlorene Liebesmüh. Wie ich feststellen mußte, gibt es in Amerika so etwas wie eine stille Übereinkunft zwischen Autoren und den Medien: Als Gegenleistung für das wohlwollende Interesse, das seinem Werk entgegengebracht wird, bemüht sich der Autor um einen hohen Unterhaltungswert und – wenn überhaupt – eher knappe Information. In jedem Interview, bei Lesungen, in Buchläden, im Taxi, als mein Buch in die Bestsellerliste der *New York Times* aufstieg, immer und überall lautete die allesentscheidende, die unvermeidliche, häufig sogar die *einzige* Frage: *Wie schreibt man eigentlich einen perfekten Liebesbrief?*

Ich habe lange darüber nachgedacht – dieses Buch ist das Ergebnis.

Michelle Lovric, Covent Garden, London, September 1995.

Inhalt

LIEBESBRIEFE – EINE ZEITLOSE KUNST

Was man nicht schwarz auf weiß hat, existiert nicht.

Anaïs Nin

Es dauert eine Weile, bis man seine Sehnsucht in Worte fassen kann. Die Sprache ist das Mittel, durch das wir unsere Wünsche erklären und unserem Flehen Ausdruck verleihen. Wenn wir einem geliebten Menschen nicht direkt in die Augen sehen können, um seine Gefühle zu erraten, wenn wir ihn nicht küssen können, um zu spüren, ob er unsere Liebe erwidert, bleiben uns nur Worte, um zu sagen: »Ich liebe dich *so sehr*. Wie sehr liebst du *mich*?« Einmal im Leben liebt fast jeder jemand anderen so, daß er seine Gefühle niederschreiben muß.

Wer hätte gedacht, daß man so wundervolle Dinge aus den 26 Buchstaben des Alphabets machen kann?

Laß dein Herz sprechen! Gestatte der Liebe, die Feder zu führen, und ganz von selbst wird sie Worte und Formen finden.

How to Write – A Pocket Manual

Trotzdem wird es in den seltensten Fällen genügen, schlicht »Ich liebe Dich« zu schreiben. Theoretisch betrachtet, sind diese drei Worte wohl das Eindringlichste, das man zueinander sagen kann. In der Praxis jedoch hat die Macht der Gewohnheit ihren Wert gewaltig verringert. Erst die individuellen Variationen von »Ich liebe Dich« sind es, die betören, und es sind Einfallsreichtum und Persönlichkeit des Schreibenden, die verführen. Nur wir selbst können für die Aufrichtigkeit unseres Briefes garantieren, wir sind Autor und Kritiker in einer Person. Der Liebesbrief läßt uns das Herz auf der Zunge tragen, er ist die fliegende Fahne, mit der wir zum Angriff übergehen, er kehrt unser Innerstes nach außen, ist ein unauslöschliches Zeichen, ein emotionaler Fingerabdruck, in ihm zeigt sich unser wahres, geheimes Ich.

Wenn uns jemand sämtliche Briefe eines anderen Menschen, egal, ob von Simone de Beauvoir oder der eigenen Großmutter, in die Hand drückt – wir lesen als erstes die Liebesbriefe, denn wir wissen ganz genau, daß wir nirgendwo ein persönlicheres, liebenswerteres und intimeres Bild des Verfassers finden werden. Darüber hinaus beleuchtet ein Liebesbrief nicht nur seinen Absender, sondern – wenn auch etwas verklärt – den Adressaten. Unter allen Schriftstücken werden Liebesbriefe am häufigsten verbrannt – aber auch am häufigsten ein Leben lang aufbewahrt.

Wir schreiben Briefe, weil wir uns nicht trauen, dem anderen ins Gesicht zu sagen, daß wir ihn lieben. In einem Brief können wir all das sagen, was wir in einem Gespräch vor lauter Nervosität nicht über die Lippen gebracht hätten.

Wir schreiben Briefe, weil mündliche Liebeserklärungen nur halb so eindrucksvoll sind. Ein Brief ist die beste Art, Liebe und Bewunderung auszudrücken, denn man kann sich alle Zeit der Welt nehmen, um jede Formulierung genau zu überdenken und bis zur Perfektion zu verbessern.

Wir schreiben Briefe, weil sie dem Empfänger die Möglichkeit zu unbeobachteter Reaktion geben.

Wir schreiben Briefe, weil sie noch da sind, wenn die Liebe längst erloschen ist.

Gesprochene Worte sind flüchtig und vergänglich.

Die meisten Menschen würden jederzeit ihr Essen stehenlassen, um einen Liebesbrief zu lesen.

George Jean Nathan

In den meisten Anthologien wird die Liebe als etwas Schönes dargestellt. Im späten 20. Jahrhundert ist die Liebe für Betroffene weniger ein rauschartiger Ohnmachtszustand als vielmehr ein nervlicher Katastrophenfall an allen Fronten – intellektuell, geistig, emotional und körperlich. Liebesbriefe zu schreiben ist dann ein bewährtes Heilmittel gegen Einsamkeit, Sehnsucht und unerfüllte Leidenschaft, aber auch gegen Zweifel und Unsicherheit.

Im ersten Jahrhundert vor Christus schrieb der römische Dichter Catull: Was eine Frau zu ihrem Angebeteten sagt, könnte ebensogut auf Wind und fließendem Wasser niedergeschrieben werden. Mit anderen Worten, es ist nicht von Dauer. Was sie dagegen schreibt, kann für immer bewahrt werden.

Ich hätte Deinen Brief schon früher beantwortet, Du hast nur keinen geschrieben.

Goodman Ace

Ein Liebesbrief ist eine unumstößliche Tatsache. Man kann ihn sich nicht einfach einbilden. Man kann ihn nicht leugnen.

Im Gegensatz zu einem Telefongespräch kann man einen Liebesbrief aus der Tasche ziehen, theatralisch entfalten und immer wieder lesen, um schöne Erinnerungen aufleben zu lassen oder fast vergessenes Vergnügen zum Leben zu erwecken. Ein Brief kann mit der Zeit sogar an Bedeutung gewinnen, wenn sich spätere Ereignisse und Gefühle wie wärmende Schichten darübergelegt haben.

Liebesfaxe oder ausgedruckte E-Mail-Liebesbriefe sind genauso wirksam, wie traditionelle Liebesbriefe – Hauptsache, der Liebende überträgt seine Gefühle und Zärtlichkeiten auf ein bleibendes Medium. Einzig ein Anruf hinterläßt überhaupt keine Spuren. Der geliebten Person bleibt nichts, das sie sich unters Kopfkissen legen oder in der Brusttasche mit sich herumtragen könnte.

Liebe will greifbar sein. Ein Brief ist im wahrsten Sinne des Wortes eine buchstäbliche Berührung des Liebenden. Natürlich haftet einem Liebesbrief, der per Post verschickt wurde, mehr Sinnlichkeit an als einem Fax oder einer E-Mail. Bei einem Brief weiß man, daß die Hand des Empfängers genau das Blatt Papier berühren wird, auf dem der Verfasser seine Liebe bekannt hat.

Die unergründlichen Wege der Post verleihen einem Liebesbrief besondere Romantik. Wir schreiben ihn; wir adressieren ihn mit dem wichtigsten Namen der Welt; wir kleben ihn zu; wir frankieren ihn mit einem kleinen Kunstwerk und werfen ihn schließlich unwiederbringlich in einen geheimnisvollen Kasten. Dann kommt die lähmende Phase des Wartens, bis wir glauben, daß der Brief sein Ziel erreicht hat – und schließlich die inbrünstige Erwartung der Antwort. Der Briefträger wird zum mystischen Boten, zur zweitwichtigsten Person auf der Welt.

Man sagt, Telefon, Fax und E-Mail hätten die Briefkultur getötet. Das ist eine sehr kurzsichtige Betrachtungsweise. Tatsächlich hat die einzigartige Technologie des späten 20. Jahrhunderts den Brief aus den Fängen der schnöden Geschäftswelt befreit und ihn in höhere Sphären erhoben. Ich habe diese Feststellung bei Recherchen nach handschriftlichen Briefen gemacht, die in Faksimile erscheinen sollten. Eines der wichtigsten Kriterien für die Veröffentlichung war, daß die Briefe durch und durch aus Fleisch und Blut sein sollten. Oft genug driftet ein wunderbarer Brief plötzlich in den häuslichen Bereich ab oder verliert seinen Zauber durch die Wiedergabe von beruflichen und militärischen Details. So verdirbt zum Beispiel Napoleon einen ansonsten höchst poetischen Liebesbrief an Josephine, indem er ihr plötzlich ausführlich mitteilen muß, wie viele Italiener er an diesem Morgen schon niedergemetzelt hat. Heutzutage würde man Informationen dieser Art per Telefon oder Fax übermitteln, und der Brief bliebe Herzensdingen vorbehalten.

Verliebtheit ist ein Zustand innerer Wandlung. Viele Menschen beginnen zu schreiben, weil ihre Gefühle überquellen. Liebe möchte sich immer erklären, möchte überall hingeschrieben werden: in den Sand, an Wände, in Baumrinde, auf Papier. Manche Menschen werden zu Dichtern, wenn sie verliebt sind, der wesentlich größere Teil jedoch schreibt Liebesbriefe.

SOLANGE ES BRIEFTRÄGER GIBT, HAT DAS LEBEN SEINEN REIZ.

William James

Das Wort entweicht den Lippen, um sich mit dem Wind zu vereinen und ohne Widerhall zu verklingen …
Wird es geschrieben, so klingt es fort wie von Trompeten, für alle Zeit …

W. C. Fowler

In einem Liebesbrief wollen wir unterhalten und informieren, wir brüsten uns und zeigen uns von unserer besten Seite. Wir wollen so liebenswert wirken, wie nur irgendwie möglich. Die Liebe kann einen Buchhalter in einen Poeten verwandeln. Sie kann aber auch ganz vernünftige Menschen scheinbar um den Verstand bringen, denn ungezügelte Leidenschaft führt oft zu grenzenloser Übertreibung.

Manche schreiben, weil sie so besessen von der geliebten Person sind, daß sie für nichts anderes mehr Sinn haben. Balzac zum Beispiel schrieb 1835 an Evelina Hanska:

Ich kann keine zwei Gedanken fassen, in die Du Dich nicht einschleichst. Ich kann an nichts anderes mehr denken als an Dich.

Ähnlich erging es wohl Vita Sackville-West, die 1927 an Virginia Woolf schrieb:

Ich bin nur noch ein Ding, das Virginia begehrt.

Häufig sind Liebesbriefe auch ein Mittel, um mehr oder weniger eindeutige Angebote zu unterbreiten. Man hat Liebesbriefe als eine private Form der Werbewurfsendung bezeichnet.

Ein ausgesprochen direktes und unverblümtes Beispiel solcher Werbung stammt angeblich vom Prinzen von Joinville und ist an die Schauspielerin Rachel Félix gerichtet. Nach ihrer ersten Begegnung 1840 schrieb er schlicht:

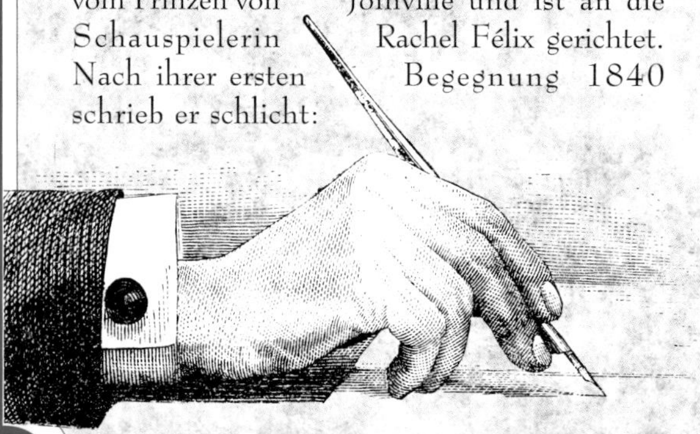

Wo? Wann? Wieviel?

worauf sie ebenso knapp antwortete:

Bei Ihnen. Heute nacht. Umsonst.

Wenn der geliebte Mensch nicht bei uns ist, stürzt uns das in Zweifel. Wie kann er es wagen fortzugehen, wenn er uns tatsächlich liebt? Zur Beilegung solcher Krisen gibt es nur wenige verläßliche Mittel:

Beschreiben Sie Ihre Sehnsucht in schillernden Farben, betonen Sie das unlösbare Band zwischen Ihnen beiden, beschwören Sie verführerische Situationen herauf.

Ein Liebesbrief dient häufig dazu, die Erinnerung an gemeinsame Stunden wachzuhalten. Olive Lewis zum Beispiel, eine junge Frau aus England, schrieb ihrem Verlobten während des Zweiten Weltkrieges folgendes an die Front:

Wenn ich wie jetzt an stillen Abenden in meinem warmen Bett liege, beschleicht mich das traumhafte Gefühl, daß Du bei mir bist.

Ich liebe es, mir vorzustellen, daß Du neben mir liegst und mich in Deine Arme nimmst. Ich lege meinen Kopf an Deine Schulter und spüre den Rhythmus Deines Atems. Für ein paar wunderbare Augenblicke sind wir eins. Es war ein Traum, Geliebter, aber in solchen Träumen erlebe ich so berauschende und himmlische Augenblicke mit Dir, daß ich wünschte, der Traum würde niemals enden.

Briefe dieser Art sind häufig herzzerreißende Nachrufe auf Gewesenes. Die gelungensten Exemplare jedoch entwerfen in glühenden Worten eine gemeinsame Zukunft.

Ein leidenschaftlicher Liebesbrief kann Verfasser wie Empfänger gleichermaßen erregen. Er kann erotische Phantasien derartig lebhaft heraufbeschwören, daß sie zur Wirklichkeit werden.

Verliebtheit ist ein Zustand, der meistens mit äußerster Freigebigkeit einhergeht. Kleine Geschenke sind deshalb eine beliebte Methode, um die Liebe zu dokumentieren: Ringe, Blumen, Photos, Haarlocken – dem Einfallsreichtum sind keine Grenzen gesetzt. Anders, aber nicht weniger beeindruckend wirkt da ein Liebesbrief, denn er ist ganz und gar persönlich. Auch eine Locke oder ein Porträt können nur von einer einzigen Person stammen, doch ein gelungener Liebesbrief ist gleichzeitig Liebesgabe und intellektuelle Herausforderung. Er ist wie ein Kuß aus Papier, in seiner Vollendung trifft er den Geliebten mitten ins Herz.

Einige der besten Liebesgedichte und -briefe entstanden aus unbefriedigter Lust. Der Brief wird zur Auflehnung gegen emotionale Körperverletzung, zum Ausdruck trotziger Beharrlichkeit, zum entschlossenen Widerstand gegen die Ablehnung.

Manchmal geht es gar nicht in erster Linie um einen bestimmten Menschen. Oft ist es eher der Zustand des Verliebtseins und Begehrens, nach dem man sich sehnt. Die »geliebte« Person ist dann so etwas wie eine Projektionsfigur, ein Symbol für diese Sehnsucht. Wenn man ein solches »Objekt« der Liebe verliert, trauert man nicht um den Verlust dieses besonderen Menschen, sondern um den Verlust der Liebe als solcher. Eine ganze Reihe von Schriftstellern schienen wesentlich mehr an der romantischen Idee ihrer Leidenschaft zu hängen als an der Person, die sie ausgelöst hatte. De Musset, Byron und Puschkin wären hier als Beispiele zu nennen.

Es gibt tausend Gründe dafür, keine Liebesbriefe zu schreiben: Man könnte sich lächerlich machen; man könnte die Situation mißdeutet haben; man könnte jemanden vor den Kopf stoßen. Allerdings kann ein Liebesbrief genausogut Schmerzen lindern und Hoffnungen erfüllen.

Ein Buch kann uns natürlich nicht beibringen, einen perfekten Liebesbrief zu schreiben, genausowenig wie es uns lehren kann zu lieben. Ein Liebesbrief erfordert viel persönliche Hingabe.

Er sollte Freude bereiten – sowohl beim Schreiben als auch beim Lesen. Dieses Buch richtet sich an Menschen, denen es schwerfällt, Briefe zu schreiben, aber auch an solche, die einfach nur neue Anregungen suchen um ihre Fähigkeiten auszubauen.

Es richtet sich an (vielleicht etwas wortkarge) Verliebte, denen die folgenden Beispielbriefe als gedankliches Gerüst für den Ausdruck ihrer eigenen Gefühle dienen können. Es richtet sich an Menschen, die ihrer Liebe gerne ein bleibendes Denkmal setzen möchten, das kreativ, berührend und schön sein soll.

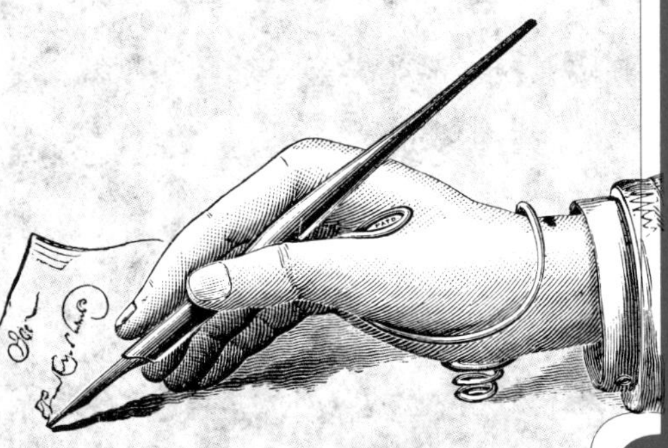

EINE KURZE GESCHICHTE DER »VERBRIEFTEN« LIEBE

Im Gegensatz zu Kriegen und Kaiserreichen hinterläßt die Liebe kaum Spuren. In Sachen Liebe ist archäologische Forschung ein mühseliges Geschäft, obwohl die Briefe, mit denen Liebende Leidenschaft ausdrücken und entfachen, zum Besten gehören, was die Literatur zu bieten hat.

Wie soll man den Liebesbrief innerhalb der Literaturgeschichte einordnen? In mancherlei Hinsicht ist alle veröffentlichte Literatur nichts weiter als ein langer Brief an einen unbekannten Leser, von dem man hofft, daß er irgendwo da draußen wartet und zuhört. Mit »privater Literatur« – Briefen eben – verhält es sich ein wenig anders: Hier teilt ein wirklicher Mensch einem anderen wirklichen Menschen seine wirklichen Gedanken mit und hofft nicht, sondern erwartet, daß er sie versteht.

Fiktive Liebesbriefe sind nichtsdestotrotz das Gerüst für etliche Romane. Mit Samuel Richardsons *Pamela* startete der Briefroman seinen Siegeszug durch die Salons des 18. und 19. Jahrhunderts.

Berühmte Beispiele schriftlicher Liebe

Die Möglichkeiten der Übermittlung von Liebesbotschaften haben sich von gemeißelten Steinplatten über Baumrinde, Pergament, Feder und Papier bis hin zu Schreibmaschinen, Faxen und E-Mail weiterentwickelt. An der Botschaft selbst hat sich jedoch erstaunlich wenig geändert. Im folgenden möchte ich anhand von ebenso schönen wie inspirierenden Beispielen einen kurzen Abriß über die Geschichte der romantischen Korrespondenz geben.

Das wohl älteste Beispiel eines Liebesbriefes findet sich in der Bibel, im Hohelied Salomos.

Bei den alten Römern gehörte die Fertigkeit des Briefeschreibens zum guten Ton, war Ausdruck von Bildung und gutem Benehmen. Cicero und Plinius verfaßten liebevolle, ja sogar leidenschaftliche Briefe an ihre Gattinnen.

Die Japaner haben seit jeher am »Morgen danach« Dankschreiben verfaßt. Der Liebhaber pflegte der Dame, mit der er die letzte Nacht verbracht hatte, ein formvollendetes Brieflein zukommen zu lassen, in dem er ihre Fähigkeiten pries, und legte dem Schreiben eine Blume oder einen Zweig bei. Das Blattwerk zeigte an, wie sehr er sie begehrte: zunehmend, abnehmend, zart oder heftig. Sei Shonagon, eine Kurtisane aus dem 10. Jahrhundert, beschreibt diesen Vorgang in einem ausgesprochen vergnüglichen Tatsachenbericht.

Eine der frühesten und bekanntesten Briefromanzen der westlichen Welt ist die tragische Liebe zwischen der siebzehnjährigen Schülerin Héloïse und ihrem mehr als doppelt so alten Hauslehrer Peter Abelard, die sich im Frankreich des frühen 12. Jahrhunderts ineinander verliebten.

Doch Héloïses empörter Onkel Fulbert ließ Abelard kurzerhand kastrieren und verbannte seine Nichte für den Rest ihres Daseins in ein Kloster. Man gestattete den unglücklichen Liebenden, sich zu schreiben. Héloïses Briefe sind sehr eindeutig in ihrem sinnlichen Verlangen, die des Abelard sind – wie unter den gegebenen Umständen nicht anders zu erwarten – eher philosophisch angehaucht.

Im Zeitalter der höfischen Liebe entstanden einige Beispiele für amouröse Korrespondenz, die sich durch höchste Keuschheit und Unterwürfigkeit auszeichnen. Körperliche Leidenschaft wurde vollständig unterdrückt. Dieser Mangel an körperlicher Befriedigung schien Dante Alighieris Verehrung für die unerreichbare Beatrice keinerlei Abbruch zu tun. Selbst ihr früher Tod konnte seine Liebe nicht schmälern. Die *Göttliche Komödie* ist sein poetischer Tribut an die Angebetete. Ein weiteres Beispiel für höfisch-keusche Liebe findet sich in den zarten und absolut diskreten Liebesbriefen zwischen der vielverleumdeten Lucrezia Borgia und dem Dichter Pietro Bembo im Italien des 16. Jahrhunderts.

> Es war schon immer ein Problem für Verliebte einen Brief zu schreiben. Ich sehe sie vor mir, die jungen Männer im alten Rom, die ratlos vor dem Schreiber stehen ... ebenso wie die jungen Männer im frühen Amerika, die mit gezücktem Füllfederhalter darüber nachdenken, wie sie die Geliebte ansprechen sollen.
>
> *Ingoldsby North*

In erheblich derberen Briefen fordert König Heinrich VIII. von England Anne Boleyn auf, seine Geliebte zu werden. Es existiert auch ein Brief Henrys an Annes Nachfolgerin, Jane Seymour. In beiden Fällen betont er auffällig oft, daß er nicht nur Sklave, sondern auch Herr über Leben und Tod seiner jeweiligen Angebeteten ist.

Etwa zur gleichen Zeit schrieb Heinrich von Navarra erfrischend unkonventionelle Liebesbriefe an eine ganze Reihe von Damen, von denen die berühmteste wohl Gabrielle D'Estrees war.

Über sieben Jahre hinweg, in denen politische Umstände eine Verbindung unmöglich machten, flirteten Dorothy Osborne und William Temple in intelligenten, verspielten und leidenschaftlichen Briefen. 1654 heirateten sie schließlich. Thomas Otway, ein englischer Dichter und Dramatiker, schrieb im letzten Viertel des 17. Jahrhunderts unermüdlich an seine hoffnungslose Liebe, die Schauspielerin Elizabeth Barry. Als sie ihn am ausgestreckten Arm verhungern ließ, beschloß Otway, dann doch richtig zu verhungern – und hatte wenigstens hierin Erfolg.

Eine geistige Schwester der Héloïse findet sich im Portugal des 17. Jahrhunderts. Es ist die Nonne Marianna Alcoforada, die von einem französischen Ritter, Noël Bouton de Chamilly, erst verführt und dann verschmäht wurde. Ihre Briefe an ihn gehören zu den glühendsten der Literaturgeschichte.

Im 18. Jahrhundert waren Liebesbriefe bereits erheblich persönlicher und gingen – im wahrsten Sinne des Wortes – wesentlich tiefer unter die Haut. In Frankreich riß sich Julie de L'Espinasse das Herz aus dem Leib und schickte es dem desinteressierten Comte de Guibert.

Als besonders skrupellose Verfasser von Liebesbriefen sind im 18. Jahrhundert Jonathan Swift und Robert Burns zu erwähnen. Beide hatten eine besondere Vorliebe (und Begabung) dafür, mehrere Beziehungen gleichzeitig zu unterhalten. In ihren Liebesbriefen ist ihr Doppelspiel verewigt. Swift verführte sowohl die sanfte und treue Esther Johnson (»Stella«, wie er sie nannte) als auch die temperamentvolle Esther Vanhomrigh (»Vanessa«) auf besonders feige und hinterhältige Weise.

Ebenso unfähig zur Treue war Robert Burns. Zunächst verliebte er sich in Ellison Begbie, ein Dienstmädchen, umwarb sie, und hielt schließlich um ihre Hand an, obwohl seine große Liebe (zumindest auf brieflicher Ebene) Agnes McLehose war. Sie nannten sich »Clarinda« und »Sylvander« und wechselten zahlreiche leidenschaftliche Briefe, ungeachtet der Tatsache, daß Burns praktisch verheiratet war.

Am anderen Ende der Treueskala steht Richard Steele, englischer Essayist und Politiker, der seine angebetete Mary Scurlock (»Prue« genannt) Anfang des 18. Jahrhunderts umgarnte und schließlich ihr Herz gewann. Schon seine »Bewerbungsschreiben« sind charmant, aber die Briefe, die er nach der Hochzeit geschrieben hat, zeigen ihn als den hingebungsvollsten und treuesten Ehemann, den man sich vorstellen kann.

Laurence Sterne, Autor von »Eine empfindsame Reise durch Frankreich und Italien« und »Leben und Meinungen des Herrn Tristram Shandy«, war sein ganzes Leben lang bis über beide Ohren in irgendwelche Damen verliebt. Seine leidenschaftlichsten, aber auch humorvollsten Briefe stammen aus seinen reiferen Jahren und sind an die pragmatische und gänzlich unromantische Elizabeth Draper (seine »Bramine«) gerichtet.

Samuel Johnson pflegte eine lange platonische Liebesbeziehung zu Hester Thrale, einer klugen und reizvollen Frau. Sein Biograph James Boswell unternahm ein Reise durch Europa und brach einige Herzen mit seinen Liebesbriefen, wenngleich die weibliche Resonanz nicht ganz so groß war, wie er erhofft hatte.

Damals war eine Art verbalerotisches Gesellschaftsspiel in Mode: Schriftlich oder mündlich durchlebte man eine erotische Beziehung, ohne tatsächlich zur Sache zu kommen oder auch nur Gefühle zu investieren. Zeugnisse dieser Entwicklung sind sowohl die höchst stilisierten schriftlichen Tändeleien Alexander Popes mit den Damen Blount als auch die äußerst galanten Briefe Horace Walpoles an die Schwestern Berry.

Im Laufe des 18. Jahrhunderts veränderte sich der Tonfall in den Liebesbriefen entscheidend. Der Geist der Romantik spülte die frühere Hingabe an bloße Frivolität und gekünstelte Rituale beim Schreiben von Liebesbriefen weg. Die jungen Intellektuellen in Frankreich ebneten dieser Entwicklung den Weg, indem sie die Liebe von den Spinnweben festgefahrener Formen und stilisierter Klischees befreiten. Die zwingende Argumentation eines Voltaire, Rousseau oder Diderot zog nicht nur in die Bibliotheken ein, sondern auch in die Boudoirs. Die großen deutschen Dichter Goethe und Schiller schrieben offene und gewinnende Liebesbriefe und hielten diese persönliche Literatur keineswegs für trivial, sondern für höchst bedeutsam in ihrem Streben nach Selbsterkenntnis und Glück.

In der Flut von Briefen, die Napoleon Ende des 18. Jahrhunderts an Josephine schrieb, stehen Emotion und Sachlichkeit untrennbar nebeneinander. Jenseits des Ärmelkanals lebten Lord Nelson und Lady Hamilton ihre Affäre in klarer und unverblümter Sprache aus. Eine ganze Liebesbrief-Kultur entstand im Umkreis der legendären Madame Récamier, die erfolgreich Lucien Bonaparte, Chateaubriand und Benjamin Constant (einen Verehrer, den sie mit ihrer Freundin, der literarischen Salonlöwin Madame de Staël, teilte) abblitzen ließ.

Mary Wollstonecrafts Briefe an ihren amerikanischen Geliebten Gilbert Imlay zeigen einen ernüchternden Realitätssinn. Imlay verließ sie und ihre kleine Tochter. Gerade diese intelligente und sachliche Beschreibung ihres Schmerzes macht den Briefwechsel so mitleiderregend. Später heiratete Mary Wollstonecraft den Londoner Verleger und Autor William Godwin, an den sie ebenfalls einige bemerkenswerte Liebesbriefe schrieb. Sie starb bei der Geburt ihrer Tochter Mary, die später den Dichter Percy Bysshe Shelley heiraten und als Autorin von Frankenstein berühmt werden sollte.

Eine neue Generation von Liebenden wurde geboren: Die Shelleys waren mit dem melodramatischen Lord Byron befreundet. Eine Verwandte Marys, Claire Claremont, bekam sogar ein Kind von ihm. Byron seinerseits erhielt viele verzweifelte Bittschriften – nicht nur von Claire, sondern von einer Schar lautstark fordernder Frauen. Zur selben Zeit schrieb Lord Byron Liebesbriefe an Annabella Millbanke, mit der er eine unglückliche Ehe führte, und an seine Halbschwester Aurora Leigh. Der darauffolgende Skandal trieb ihn ins Exil nach Italien, wo er mit der jungen Gräfin Teresa Guiccioli anbandelte. Seine letzten Liebesbriefe sind an sie gerichtet.

In flüchtigem Kontakt zum inzestuösen Kreis um Lord Byron stand auch der zarter besaitete John Keats. Seine etwas wirren, aber lyrischen Briefe an Fanny Brawne werden oft für die schönsten gehalten, die je geschrieben wurden. Aufrichtig und interessant sind auch die Liebesbriefe von William und Mary Wordsworth sowie von Jane und Thomas Carlyle.

Zu Beginn des 19. Jahrhunderts hat Honoré de Balzac wohl ganze Wälder vernichtet, so umfangreich ist sein schriftliches Werben um die Gräfin Evelina Hanska. Victor Hugo verehrte Adèle Foucher und wurde seinerseits von Juliette Drouet angebetet, was sich in einem fünfzig Jahre überdauernden hinreißenden Briefwechsel niederschlägt. Kürzer und grausamer verlief die Beziehung zwischen Gustave Flaubert und Louise Colet, Mitte des Jahrhunderts, an der Louise schließlich zerbrach. Die durchtriebenen Spielchen von George Sand und Alfred de Musset beruhten da schon mehr auf Gegenseitigkeit. Im deutschsprachigen Raum trieb die Liebe Kleist und Hölderlin in den Tod beziehungsweise in den Wahnsinn. Ebenso nutzten die großen Komponisten ihre Kreativität nicht nur zu musikalischen, sondern auch zu amourösen Zwecken. Mozart überrascht durch seine flegelhaften Liebesbezeugungen an seine Frau Konstanze. Beethoven hinterließ einen der berühmtesten Briefe überhaupt an eine unbekannte (wenn auch vieldiskutierte) »Unsterblich Geliebte«. Robert Schumann und Clara Wieck versüßten sich den steinigen Pfad in den Ehehafen mit einem entzückenden Briefwechsel. Etwas später bekundete Richard Wagner seine Liebe in Briefen an seine Ehefrauen Minna und Cosima sowie an die Schauspielerin Judith Gautier.

Auch in Amerika gab es Liebespaare mit Phantasie und Stilgefühl: Nathaniel und Sophie Hawthorne, Samuel Clemens (Mark Twain) und seine Geliebte Livy, Woodrow Wilson und seine Angebetete Ellen.

In Rußland brachte Katharina die Große Politik und Sex unter einen Hut, und mit viel Elan und Humor stellte später Alexander Puschkin seiner Frau (und den Frauen anderer) nach. Zarin Alexandra überflutete Zar Nikolaus geradezu mit netten und etwas hausbackenen Liebesbriefen.

In England fand die hochpoetische Romanze zwischen den beiden Dichtern Elizabeth Barrett und Robert Browning ihren Höhepunkt in der gemeinsamen Flucht. Charlotte Brontë bestürmte Professor Constantin Heger in einer rührenden, aber erfolglosen Briefkampagne. Um die Jahrhundertwende wanden sich George Bernard Shaw und Ellen Terry lustvoll auf dem Papier – ohne jemals Körperkontakt zu haben. Seine spätere Liebe, die Schauspielerin Beatrice Campbell (zärtlich »Stella« genannt), überschwemmte Shaw mit Briefen voller Poesie.

Im 20. Jahrhundert entdeckte der Liebesbrief die Sexualität. Einige besonders prickelnde Beispiele hierfür stammen von Paul Eluard, einem französischen Dichter, und sind an seine Exfrau Gala (später mit Salvador Dali verheiratet) gerichtet. Anaïs Nin und Henry Miller zünden in ihren Briefen wahre Feuerwerke der Erotik.

Was haben uns die letzten 100 Jahre sonst noch zu bieten?

Franz Kafkas neurotisches Werben um Felizia Bauer und Milena Jesenska; die zarten, manchmal kindlichen Briefe von Katherine Mansfield und John Middleton Murry; Edith Whartons melancholische und introvertierte Briefe an W. Morton Fullerton; Eugene O'Neills und Sherwood Andersons unzählige Briefe an ihre zahlreichen Ehefrauen; W. B. Yeats' schriftliche Schwärmereien, die Maude Gonne galten; die jugendliche Romanze zwischen D. H. Lawrence und Louise Burrows; James Joyces sanfte und unerfahrene Briefe an Nora Barnacle; Zelda Sayres eindringliche Schreiben an F. Scott Fitzgerald (vor und nach ihrer Heirat); die legendär metaphysische, aber auch ganz schlicht körperliche Liebe zwischen Simone de Beauvoir und Jean-Paul Sartre; Frieda Kahlos höchst dramatische Beziehung zu Diego Rivera; die glückliche Vereinigung von Clementine und Winston Churchill; Dylan Thomas' lyrische Briefe an seine temperamentvolle Frau Caitlin und viele andere.

In Kriegszeiten wurden von jeher besonders viele Liebesbriefe geschrieben. Einsamkeit und Angst machen aus ganz normalen Menschen Dichter über Liebe und Tod. Romanzen, die sich erst im Laufe eines ganzen Lebens entwickelt hätten, wurden in Urlaubstage gepfercht. Die Kriegsmuseen der Welt und die Dachböden der Nachkriegsgeneration sind voller Briefe von Liebes- und Ehepaaren, die durch den Krieg manchmal für Jahre, manchmal für immer getrennt wurden.

Eine wesentliche Neuerung des 20. Jahrhunderts ist der offenere Umgang mit homosexueller Liebe. Dieser Entwicklung verdanken wir eine ganze Reihe wunderbarer und gefühlvoller Schriftstücke:

Die blumigen Briefe Oscar Wildes an Lord Alfred Douglas; die klare und trotzdem romantische Korrespondenz zwischen Vita Sackville-West und Virginia Woolf; die schriftlichen Zeugnisse der innigen Partnerschaft zwischen Benjamin Britten und Peter Piers, um nur einige zu nennen.

Die Bedeutung der Liebesbriefkultur unseres Jahrhunderts wird man erst aus der zeitlichen Distanz, das heißt im nächsten Jahrhundert, verstehen können, wenn neugierige Kinder, Enkel und Biographen der heutigen Liebenden auf modrigen Dachböden nach schleifenverzierten Briefbündeln suchen.

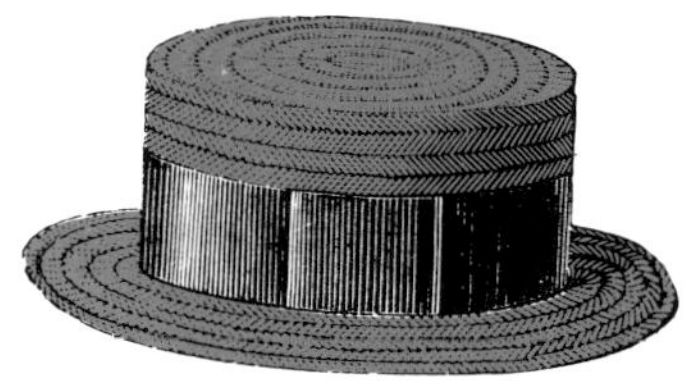

LIEBESBRIEFSCHICKSALE

Bei den Recherchen zu »Love Letters –Dokumente der Leidenschaft« nahm ich zu einigen noch lebenden Verfassern von Briefen persönlich Kontakt auf, um sie um die Erlaubnis zur Veröffentlichung ihrer Briefe zu bitten. Die meisten waren hocherfreut. Sie empfanden die Publikation als weiteren, nun sogar öffentlichen Tribut an die geliebte Person.

Allerdings werden Liebesbriefe häufig auch vernichtet, um die Privatsphäre der Betroffenen zu schützen.
Charles Dickens untersagte eine Veröffentlichung seiner Briefe ausdrücklich. Katharina Pozzi verbrannte ihre. Samuel Johnson antwortete auf die Frage, ob ihm die Vorstellung einer posthumen Veröffentlichung seiner Briefe peinlich sei: »Wenn ich tot bin, könnt ihr machen, was ihr wollt.«

Moralisch nicht ganz so eindeutig ist der Verkauf von Liebesbriefen im Original. Oscar Wilde schrieb ein zynisches Gedicht über die Versteigerung von Keats' Liebesbriefen. Edith Wharton forderte ihre Liebesbriefe zurück, als W. Morton Fullerton sich von ihr abwendete. Statt ihrer Bitte nachzukommen, verkaufte er sie wenig später.

Manche Liebesbriefe wurden nachträglich von ihren Verfassern oder Empfängern zensiert, um den Ruf der Betroffenen nicht durch etwaige Freizügigkeiten zu gefährden. Jahre nach ihrer Hochzeit kürzte Sophie Hawthorne allzu leidenschaftliche Passagen aus den Briefen ihres Ehemannes Nathaniel heraus. Sie fürchtete, daß die Nachwelt ihm nachsagen würde, er habe die damals für die Verlobungszeit gültigen Grenzen der Schamhaftigkeit überschritten.

Es gibt auch Liebesbriefe, die bereits mit dem Hintergedanken einer späteren Veröffentlichung geschrieben wurden. George Sand zum Beispiel benutzte ihre Korrespondenz als Rohmaterial für einen nur wenig verfremdeten Roman über ihre stürmische Romanze mit Alfred de Musset. Er machte es genauso, und beide stimmten noch zu Lebzeiten einer Veröffentlichung ihrer Liebesbriefe zu.

Kurze Rechtsbelehrung

Der Verfasser hat das Urheberrecht an seinem Brief. Dieses Recht kann nur durch schriftliche Erlaubnis übertragen werden. Selbst bei einem Verkauf des Originalbriefes erwirbt der neue Eigentümer nicht automatisch das Recht zur Veröffentlichung.

Das Urheberrecht bleibt 70 Jahre nach dem Tod des Verfassers bestehen.

Am besten hält man sich bei der Veröffentlichung eines Liebesbriefes an die grundsätzliche Frage: Könnte die Veröffentlichung dieses Briefes irgend jemanden verletzen?

DIE MÖGLICHKEIT DER VERÖFFENTLICHUNG VON BRIEFEN VERLEIHT DEM TOD ZUSÄTZLICHEN SCHRECKEN ...

Dr. Arbuthnot

PRAKTISCHE RATSCHLÄGE

Wenn man einen Liebesbrief schreibt, sollte er auch gut sein. Die folgenden Tips sind nicht nur an diejenigen gerichtet, für die Liebesbriefe absolutes Neuland sind, sondern auch an die, die ihre Liebe durch Briefe vertiefen, erweitern, frischhalten oder neu beleben wollen. Liebesbriefe haben immer Saison.

Die Präsentation: Das Auge entscheidet mit!

Sie sollten auf das Äußere eines Liebesbriefes genausoviel Wert legen wie auf Ihr eigenes bei einem ersten Rendezvous. Verstöße gegen die Ästhetik sind vielleicht nicht der Todesstoß für Ihre Beziehung, aber eigentlich möchten Sie sich der geliebten Person doch im bestmöglichen Licht präsentieren, oder? Nutzen Sie jede Gelegenheit, um zu zeigen, was für ein traumhafter Partner Sie sind oder sein werden.

Handschrift

Ein Liebesbrief sollte von Hand geschrieben werden. Das Allermindeste ist eine handschriftliche Unterschrift. Jagen Sie einen Liebesbrief niemals durch die Frankiermaschine in Ihrem Büro, und schreiben Sie nicht auf Ihrem Geschäftsbriefpapier, es sei denn, der Briefkopf hat etwas mit Ihrer »Geschichte« zu tun. Erfüllen Sie den Brief mit Sinn. Verleihen Sie jedem Detail eine besondere Bedeutung.

Ihre Unterschrift sollte unverwechselbar und untrennbar mit Ihnen verbunden sein. Geben Sie sich also Mühe!

Ein Argument für die gute, alte »Handarbeit« ist, daß sie dem Empfänger das Gefühl vermittelt, etwas Einzigartiges zu erhalten, keine Wurfsendung an eine Auswahl ansprechender Kandidaten (wie es bekanntermaßen über Internet gemacht wird).

Machen Sie sich bewußt, daß Ihre Schrift etwas über Sie aussagt. Die Handschrift offenbart Nuancen und Möglichkeiten, die eine getippte Version niemals vermitteln kann. Isadora Duncan zum Beispiel verdeutlichte die Flut ihrer Liebe zu Gordon Craig, indem sie in Wellenlinien schrieb. Und Dylan Thomas' winziges Gekritzel drückt seine Einsamkeit und Furcht ebensogut aus wie seine Worte.

Schreib mir! Schreib mir, schreib mir! …
Deine Briefe sind die hübschesten Blondinen der Welt.

Victor Hugo an Louise Colet

Ich habe mich sehr über Deinen Brief gefreut. Wenn ich ihn hätte entziffern können, wäre die Freude wahrscheinlich noch größer gewesen. Ich fürchte, ich konnte nur das Datum (das ich kannte) und die Unterschrift (die ich erriet) wirklich lesen. Deine Briefe haben einen ganz einzigartigen und immerwährenden Charme; sie altern nicht, sie verlieren nie an Aktualität ...

Thomas Bailey Aldrich

Ein handschriftlicher Brief hat nur dann eine starke emotionale Wirkung, wenn er lesbar ist. Wenn Sie eine wirklich entsetzliche Schrift haben, ist es wahrscheinlich höflicher, zu tippen, auch wenn der Brief dann unpersönlicher wirkt. Selbst pastellfarbenes Papier oder ähnliches können nicht über seine eher nüchterne Ausstrahlung hinwegtäuschen. Versuchen Sie also, den technisch bedingten Verlust an Romantik durch besonderen Charme auszugleichen, und erklären Sie der geliebten Person, warum Sie tippen mußten.

Die persönliche Zwiesprache mit einem Computer unterscheidet sich intellektuell nur wenig davon, direkt mit einem Füllfederhalter auf Papier zu schreiben. Man ist allein mit seinen Gedanken an den Geliebten, verwandelt seine Gefühle in Sätze und läßt seine Zärtlichkeiten in Worte fließen.

Ein paar einfache formale Veränderungen können es erleichtern, Ihren Brief zu lesen und zu verstehen. Achten Sie darauf, einen großzügigen Rand zu lassen – mindestens zweieinhalb Zentimeter auf jeder Seite – und Absätze zu bilden, besonders, wenn der Brief länger ist als eine Seite.

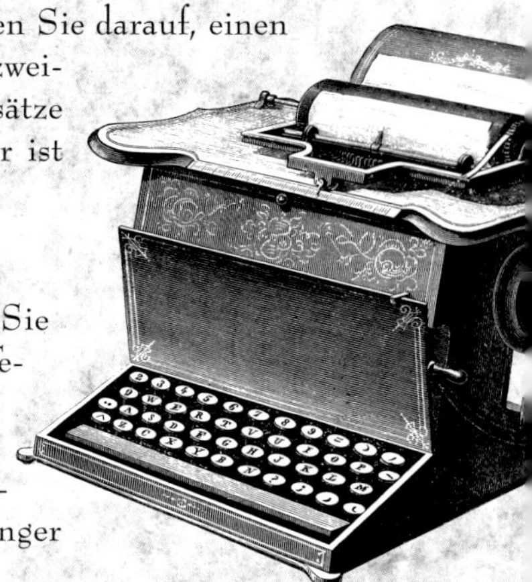

Papier

Die Wahl des Briefpapiers kann viel über Sie verraten. Ein dezenter Briefkopf mit Ihrer Telefonnummer zum Beispiel kann Ihnen die Peinlichkeit eines »Hey, das ist meine Telefonnummer – ich hoffe, Du benutzt sie« ersparen. Ihre Adresse ermöglicht dem Empfänger außerdem, Ihnen zu antworten.

Richtig: Schweres, edles Schreibpapier verleiht dem Brief Sinnlichkeit. Außerdem werden schöne und wertvoll wirkende Briefe nicht so leicht weggeworfen.

Schwarze Tinte auf cremefarbenem oder weißem Papier wirkt besonders elegant und würdevoll.

Entgegen hartnäckigen Gerüchten ist parfümiertes pastellfarbenes Briefpapier nicht das ultimative Material für Liebesbriefe.

Durch die Wahl des Papiers kann man eine erstaunliche Vielfalt von Dingen ausdrücken.

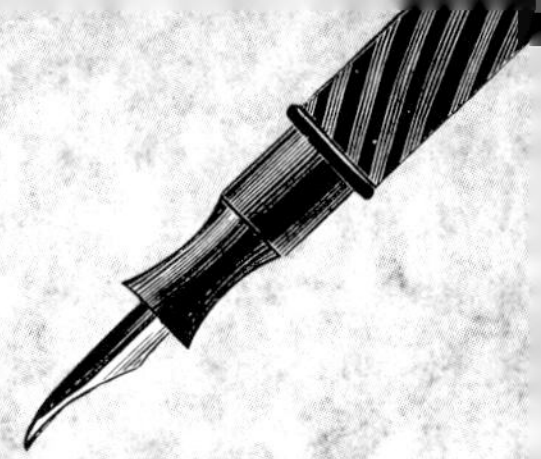

Man kann zum Beispiel sagen: »Ich schreibe auf grünem Papier, weil grün offensichtlich unser beider Lieblingsfarbe ist. Mir ist aufgefallen, daß Du oft grün trägst – und wundervoll darin aussiehst.« Wenn der geliebte Mensch einen ganz bestimmten Dichter besonders mag, kann man ein passendes Gedicht kopieren und auf die Rückseite schreiben. So etwas betont die Verwandtschaft Ihrer Seelen und weist auf tiefgehende Übereinstimmungen hin.

Bis zu Beginn dieses Jahrhunderts wurden Briefe meist bifolial geschrieben: Ein einzelnes Blatt wurde in der Mitte gefaltet, um eine Art Heft mit vier Seiten zu bekommen. Für einen Liebesbrief kann man diese Methode wieder aufgreifen. Ein Wachssiegel verstärkt die nostalgische Wirkung noch.

Falsch: Gänzlich ungeeignet ist jede Art von Papier, die so bedruckt ist, daß man den geschriebenen Text nur noch schwer lesen kann; außerdem sollte man auf Papier verzichten, das in sich selbst bereits ein abgedroschenes Klischee ist, zum Beispiel mit Rosen oder Herzen übersäte Briefbögen. Hände weg von liniertem Papier – es ist das briefliche Pendant zu einem Strauß welker Blumen von der nächsten Tankstelle. Wenn Sie Ihren Brief optisch interessanter gestalten wollen, verzieren Sie ihn mit aufgestempelten Bildern.

Für Anhänger des High-Tech-Briefes (Fax und E-Mail) sind die Möglichkeiten der wirkungsvollen Gestaltung natürlich begrenzter. Bei einem Fax zum Beispiel können sehr kleine Details durch die Übermittlung unleserlich werden. Ein weiterer Nachteil ist, daß Faxpapier schnell ausbleicht und die Schrift verblaßt. Wenn Sie von Büro zu Büro faxen, sollten Sie bedenken, daß die Öffentlichkeit der Übermittlung zwar die Spannung steigert, aber auch besondere Diskretion und Rücksichtnahme erfordert.

MAN NEHME SCHWARZE TINTE – DIE BESTE UND SCHWÄRZESTE ALLER SCHWARZEN TINTEN.

Schreibgeräte

Ein Füllfederhalter ist zweifelsohne ein würdigeres Schreibgerät für einen Liebesbrief als ein gewöhnlicher Kugelschreiber. Es ist ein wahrer Genuß, mit fließender Tinte zu schreiben, und wenn Sie das Schreiben sinnlich genießen, verfassen Sie auch einen sinnlich genießbaren Brief.

Wenn Sie eine Antwort forcieren möchten, schicken Sie der geliebten Person doch einfach einen hübschen Füller, ein Blatt Papier und einen an Sie adressierten Umschlag. Nur vollkommen begriffsstutzige Angebetete verstehen diesen Wink nicht.

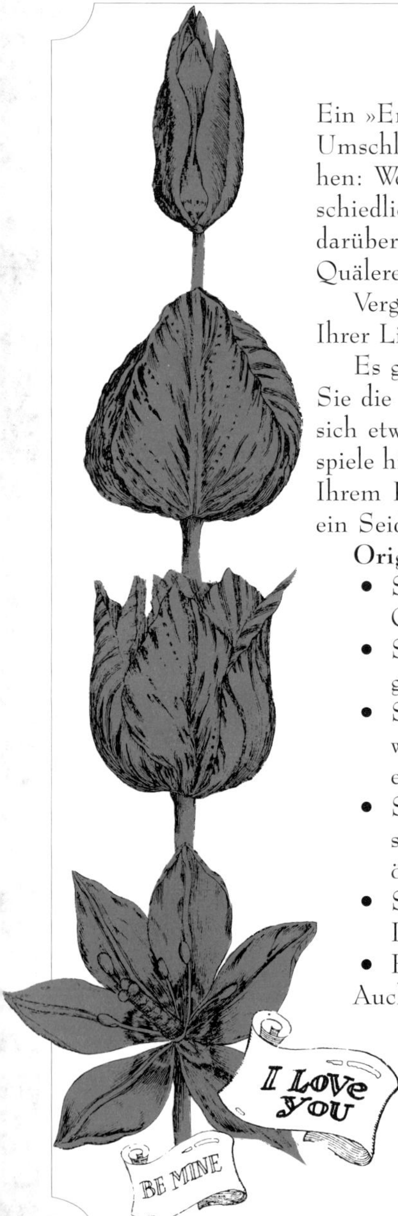

»Multimedia«

Ein »Erlebnisbrief« kann für beide Parteien unterhaltsam sein. Ein dicker Umschlag steigert die Neugier. Verzögerung kann die Befriedigung erhöhen: Wenn der Verehrte zum Beispiel einen ganzen Berg winziger, unterschiedlich verpackter Botschaften aufreißen muß, wird er die ganze Zeit darüber nachdenken, wieviel Phantasie und Mühe Sie in diese freudige Quälerei investiert haben.

Vergessen Sie nicht, daß greifbare Gegenstände ein physischer Beweis Ihrer Liebe sein können.

Es gibt Geschenke, die abgedroschen und klischeehaft sind. Vermeiden Sie die einzelne gepreßte Rose oder das niedliche Stofftier. Überlegen Sie sich etwas, das möglichst viele der fünf Sinne gleichzeitig anspricht. Beispiele hierfür wären: Ein monogrammbesticktes Taschentuch, getränkt mit Ihrem Duft; eine Kassette, auf der Sie selbst ein Liebesgedicht vorlesen; ein Seidentuch; eine einzelne herzförmige Praline.

Originelle Möglichkeiten der Übermittlung von Liebesbriefen:

- Sie schreiben auf ein Laubblatt und heften es an einen Baum im Garten der/des Geliebten.
- Sie schreiben mit Lippenstift oder Seife auf den Badezimmerspiegel.
- Sie schreiben mit wasserfester Tinte, frieren den Brief in einem winzigen Umschlag in einem Eiswürfel ein und servieren ihn in einem Getränk.
- Sie stecken klein zusammengerollte Botschaften in noch geschlossene Tulpenblüten. Wenn sich die Blumen im warmen Zimmer öffnen, kommen die Botschaften zum Vorschein.
- Sie heften Ihren Liebesbrief im Kühlschrank an eine besondere Leckerei.
- Etikettieren Sie eine Weinflasche mit Ihrem Liebesbrief.

Auch eine ganz persönliche Collage aus Dingen, die mit Ihrer Partnerschaft zu tun haben, ist eine erfolgversprechende Idee. Bei einer mehrwöchigen Trennung kann man eine Art Adventkalender basteln. Hinter jedem Türchen verbirgt sich dann eine persönliche Botschaft oder das passende Zitat aus einem Liebesgedicht.

Nach altem japanischen Brauch können Sie Ihrem Brief eine Blume beilegen, um Ihre Gefühle zu unterstreichen. Eine Folge von Briefen kann zum Beispiel erst ein paar Rosenblätter, dann eine Rosenknospe und schließlich eine voll erblühte Rose enthalten, um zu verbildlichen, wie Leidenschaft und Zuneigung wachsen.

Variieren Sie öfter einmal in der Wahl Ihrer »Waffen«. Warum nicht an einem Tag ein Fax schicken und am nächsten einen Brief?

Wichtig: Ein privater Rückzugsbereich

Ein Liebesbrief sollte nicht nur dem Empfänger Spaß machen, sondern auch dem Verfasser. Setzen Sie sich niemals an einen Liebesbrief, wenn Sie schlecht gelaunt sind oder viel zuwenig Zeit haben, um einen guten Brief zu schreiben. In einem englischen Handbuch aus dem frühen 18. Jahrhundert, *The Art of Writing*, merkt der Autor an, daß man bei der Wahl des Stuhles auf eine bequeme Sitzhöhe achten müsse. Der Tisch solle etwa in Bauchhöhe sein, und man solle Bücher oder Schreibpapier zu seiner Linken plazieren. »In dieser Stellung ... ist es Ihnen möglich, so frei und entspannt wie irgend möglich zu schreiben: Frei von nervösem Zucken, von Trägheit oder Nackensteife ...«

Zur Vorbereitung

Lewis Carroll (Charles Dodgson, Mathematiker und Autor von Alice im Wunderland sowie von Hunderten etwas eigenartiger, aber zärtlicher Liebesbriefe an junge Mädchen) gibt uns einen guten Rat: Zuallererst sollte man den Umschlag adressieren und frankieren.

»Was? Bevor man den Brief geschrieben hat?« »Aber selbstverständlich.« Und ich werde Ihnen sagen, was passiert, wenn Sie es nicht tun. Sie werden bis zum letzten Augenblick weiterschreiben, und mitten im letzten Satz werden Sie merken, daß Sie keine Zeit mehr haben! Also versuchen Sie, zu einem schnellen Abschluß zu kommen – eine wüst gekritzelte Unterschrift – ein hastig zugeklebter Umschlag, der bei der Post wieder aufgeht – die Adresse, eher hieroglyphenartig – die grauenvolle Entdeckung, daß Sie vergessen haben, Ihr Briefmarkenfach aufzufüllen – der verzweifelte Appell an alle Menschen im Haus, Ihnen eine Briefmarke zu leihen.

Dann stürzen sie Hals über Kopf zum Postamt, und als Sie dort ankommen, verschwitzt und keuchend, hat der Schalter gerade zugemacht – und schließlich, eine Woche später, kommt der Brief mit der Bemerkung »Adresse unleserlich« von der Abteilung für unzustellbare Briefe zurück!

Es mag vielleicht albern klingen, aber vergewissern Sie sich, daß Sie die Adresse der geliebten Person richtig geschrieben haben. Bei einem ersten Brief ist ein wenig verdeckte Ermittlung durchaus angebracht. Nichts ist abschreckender, als mit »Geliebte Christine« angesprochen zu werden, wenn man in Wirklichkeit Christiane heißt.

Wenn Sie den Umschlag beschriften, kann es nicht schaden, »Persönlich und vertraulich« hinzuzufügen. So etwas erhöht die Spannung. Verzieren Sie den Umschlag nicht mit Herzchen und neckischen kleinen Sprüchlein. Der Empfänger möchte vielleicht nicht, daß sämtliche Mitbewohner oder Kollegen über sein Liebesleben im Bilde sind.

Anrede und Abschiedsgruß

Die Form der Anrede oder Begrüßung ist besonders wichtig. In einem ersten Brief sollte man sich an das unverfängliche »Liebe/r ...« halten. Vertraulichkeit soll sich langsam entfalten können. Wenn Sie das Glück haben, daß sich ein längerer romantischer Briefwechsel entwickelt, dann könnte sich »Liebe/r ...« langsam zu »Geliebte/r ...« mausern und nach und nach zu »Innig geliebte/r ...« oder »Meine einzige Liebe« werden. Nutzen Sie jede Gelegenheit, die einzelnen Stufen Ihrer wachsenden Zärtlichkeit auszudrücken. Abschiedsformeln können auf ähnliche Weise entwickelt werden. Der erste Brief kann ruhig mit »Dein/e ...« enden, aber auch etwas einfallsreicher mit »In atemloser Erwartung Deiner Antwort, Dein/e ...«. Man kann dann übergehen zu so etwas wie »Glücklich und verzaubert, Dein/e ...«.

Wenn Sie sich nicht ganz sicher sind, wie vertraulich Sie werden dürfen, richten Sie sich nach dem letzten Brief, den Sie von Ihrem oder Ihrer Geliebten bekommen haben. Beachten Sie die letzten Worte, und wenn sie herzlich sind, können auch Sie sich näher ans Feuer heranwagen.

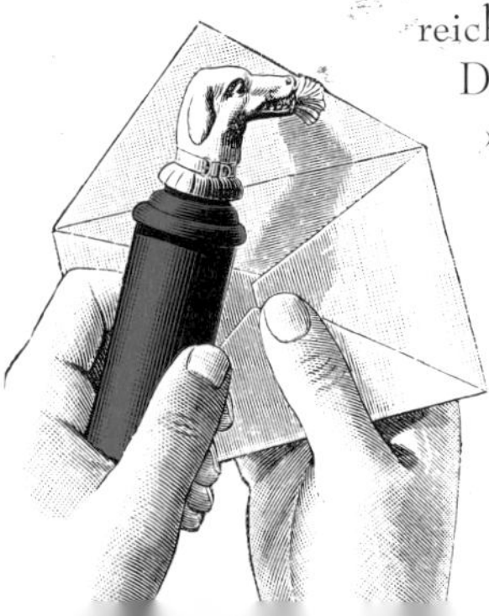

O junger Mann
und junge Frau!
Sie beide schrei-
ben einen Liebes-
brief. Sind Sie
sich auch darüber
im klaren, daß Sie
damit ein Band
knüpfen, das Sie
durch dick und
dünn miteinander
verbindet ...?

Ingoldsby North

Wenn da steht »In Liebe«, können Sie »In zärtlicher Liebe« oder »Mit all meiner Liebe« schreiben. Wichtig ist nur, daß Sie auch meinen, was Sie da schreiben.

Ein Postskriptum (P. S.) ist annehmbar, muß aber eine in sich geschlossene Einheit darstellen. Sie sollten nicht versuchen, im Postskriptum einen Gedanken besser zu formulieren, den Sie vorher schon einmal schwerfälliger ausgedrückt haben.

Logik und Aufbau: Wie man einen Liebesbrief entwirft

Ein Liebesbrief ist ein sehr wichtiges Dokument. Er kann die Gefühle einer anderen Person für immer verändern.

Es ist unerläßlich, sich selbst zu erforschen, bevor man schreibt. Machen Sie sich klar, was Sie investieren möchten und was Sie von der anderen Person erwarten. Wenn Sie sich schon in Gedanken nicht ganz sicher sind, wie soll das, was Sie schreiben, wild entschlossen klingen? Wenn Sie bezaubern wollen, müssen Sie sich erst einmal um eine klare gedankliche Linie bemühen. Dann müssen Sie diese Gedanken in einer logischen Abfolge zu Papier bringen.

Bevor Sie mit dem Brief beginnen, sollten Sie sich folgende Fragen stellen:

- An wen schreiben Sie diesen Brief? Nutzen Sie Ihr Wissen über die andere Person – was würde sie wohl gerne hören, was haben Sie beide gemeinsam?
- Warum schreiben Sie diesen Brief? Was möchten Sie damit erreichen? Ist es ein erster romantischer Annäherungsversuch oder der Dank für einen wundervollen Abend?
- Mit diesen beiden Dingen im Hinterkopf wird es Ihnen leichter fallen herauszufinden, was Sie schreiben möchten und wie Sie es schreiben möchten.

Notieren Sie ein paar Stichworte in logischer Abfolge, denn wenn der logische Rahmen erst einmal stimmt, können Sie munter drauflos formulieren.

Man kann einen Menschen fast ebensogut danach einschätzen, was er schreibt, wie an der Gesellschaft, mit der er sich umgibt. Wählen Sie also beides mit Bedacht.

How to Write – A Pocket Manual

Wenn junge Menschen schreiben, ist es oft notwendig, ihre Sätze zurechtzu-stutzen … Zu üppige Worte sind dem Stil nicht immer zuträglich.

Wenn sie keine entscheidende Bedeutung vermitteln, gleichen sie eher Wucherungen.

In einem ersten Liebesbrief könnten Ihre Leitgedanken zum Beispiel so aussehen:

- Du wirst vielleicht überrascht sein, diesen Brief zu bekommen, aber …
- Als ich Dich traf, ist etwas mit mir passiert. Es war, als ob …
- Ich finde Dich aus diesen und jenen Gründen einfach wundervoll.
- Ich würde Dich gerne wiedersehen.
- Ich würde diesen Ort und jene Zeit vorschlagen, weil …

Entlang diesem Gerüst müssen Sie Ihren Brief nun mit zwingenden Argumenten und lebhaften Bildern versehen. Achten Sie darauf, daß Sie jeden Satz bereits vollständig im Kopf haben, bevor Sie ihn niederschreiben.

Sollte Ihnen der Anfang schwerfallen, denken Sie daran, daß ein guter Liebesbrief wie ein Gespräch zwischen Liebenden sein soll. Überlegen Sie sich, was Sie sagen würden, wenn die geliebte Person jetzt bei Ihnen wäre.

Vermeiden Sie Wiederholungen. Wenn der Empfänger Sie beim ersten Mal noch nicht versteht, kann er den Brief ja ein zweites oder drittes Mal lesen.

Wenn es ein wirklich weltbewegender Brief werden soll, sollten Sie ihn vorher aufsetzen – ein Brauch aus den Tagen vor Erfindung des Kohlepapiers und der elektronischen Textverarbeitung, der dem Verfasser ermöglichte, eine Kopie seines Werkes zu behalten. Auch Sie sollten von jedem Liebesbrief, den Sie schreiben, eine Kopie aufbewahren. Er könnte ja das Bedeutendste sein, das Sie je geschrieben haben oder jemals schreiben werden. Außerdem kann man im Falle eines Mißverständnisses noch einmal die kritische Stelle nachlesen und sich beim nächsten Mal klarer ausdrücken.

Wenn Sie einen eher derben Brief beantworten, bauen Sie auf seinen positiven Aspekten auf, und versuchen Sie, die negativen subtil zu umgehen. Wenn der Geliebte zum Beispiel besonders kritisch ist, ignorieren Sie es einfach. Wenn er Ihnen aber schmeichelt, egal wie dürftig, erweisen Sie sich als dankbar, und belohnen Sie ihn mit großzügigeren Komplimenten.

Machen Sie auf keinen Fall Versprechungen, die Sie nicht halten können oder wollen.

Wenn Ihr Entwurf steht, versuchen Sie doch, ihn mit den Augen des Empfängers zu lesen – und fragen Sie sich:

- Sagt der Brief wirklich das aus, was Sie meinen?
- Könnte der Empfänger irgend etwas herauslesen, daß Sie nicht beabsichtigt haben – zuviel, zuwenig?

- Haben Sie vielleicht irgend etwas geschrieben, daß Sie bedauern könnten, wenn Sie den Brief erst einmal abgeschickt haben?
- Möchten Sie irgend etwas beilegen – eine Blume, ein Gedicht oder ein Geschenk?

Wenn Sie etwas Derartiges erwähnt haben, stecken Sie es sofort in den Umschlag, sonst laufen Sie Gefahr, es noch auf Ihrem Schreibtisch zu finden, wenn Sie den Brief bereits abgeschickt haben.

Ein Entwurf kann auch dazu beitragen, schlechte Schwingungen abzubauen. Wenn Sie zum Beispiel böse auf Ihren Geliebten sind, kann Ihre Wut im ersten Versuch noch wie kindische Eifersucht und Trotz aussehen. In der überarbeiteten Version können Sie sich dann bereits in ein positiveres Licht setzen.

Wenn Ihr Brief verletzend ist, tun Sie sich und allen Beteiligten einen Gefallen: Schicken Sie ihn nicht sofort ab. Schlafen Sie noch einmal darüber. Lesen Sie ihn am nächsten Tag, wenn die erste Wut verraucht ist, noch einmal durch, und schicken Sie ihn erst dann ab, wenn Sie es tatsächlich immer noch für notwendig halten. Denken Sie beim Durchlesen darüber nach, wie Sie sich fühlen würden, wenn der Brief an Sie gerichtet wäre. Wie schon Lewis Carroll feststellte: *»Häufig wird das dazu führen, daß Sie den ganzen Brief noch einmal schreiben, viel von dem Essig und Pfeffer weglassen und statt dessen Honig beimischen ...«*

Briefe müssen klar und kurz, eindringlich und schön, klug und ernsthaft sein.

Marsilio Ficino

Greifen Sie nach dem Mond, nicht nach den Sternen

Fordern Sie nicht zuviel, besonders nicht im ersten Liebesbrief: Ein Wiedersehen oder ein gemeinsamer Abend liegen durchaus im akzeptablen Rahmen. Wenn Sie sich magisch angezogen fühlen und nichts weiter wollen, als die andere Person ein bißchen näher kennenzulernen, dann sagen Sie genau das.

Wenn Ihre Beweggründe ausschließlich körperlicher Natur sind, sollten Sie vielleicht direkt sein. Warum Zeit verschwenden, wenn Sie ohnehin keine längere Beziehung anstreben? Es kommt immer darauf an, was Sie erreichen wollen. Bitten Sie um nichts, das Sie gar nicht wollen.

Wenn Sie den anderen Menschen noch nicht besonders gut kennen, sollten Sie sich kurz fassen. Sie laufen sonst Gefahr, ihn mit Ihren Luftschlössern eher zu langweilen und zu befremden, als zu verführen.

Ein Liebesbrief kann viel teurer werden als die Briefmarke, die man daraufklebt.

Amerikanisches Sprichwort

LEICHTIGKEIT, SCHÖNHEIT, SCHLICHTHEIT UND NATÜRLICHKEIT

Nehmen Sie sich Zeit, aber nicht mehr als nötig. Schließlich wollen Sie ja einen Brief schreiben, keinen Roman. Versuchen Sie nicht, den Brief der Briefe zu schreiben. Denken Sie daran, daß man meistens mehrere Liebesbriefe schreibt. Heben Sie sich also noch etwas für den nächsten auf.

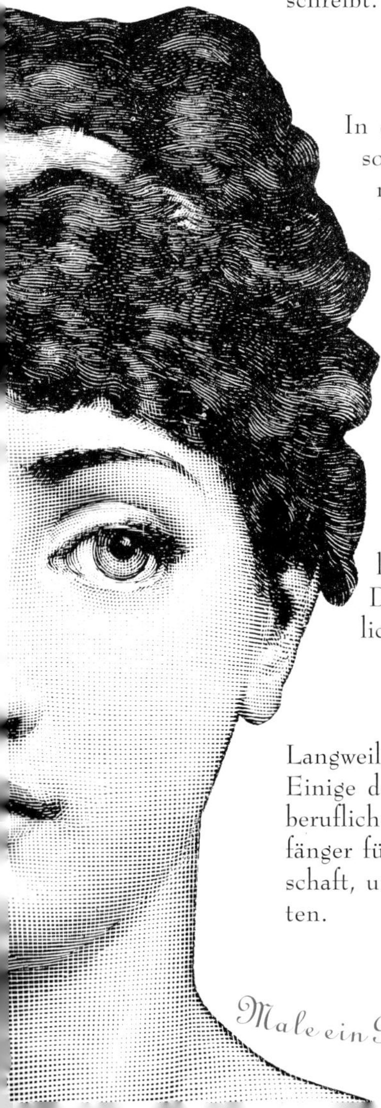

Genauigkeit

In der Beschreibung dessen, was Sie an der geliebten Person anzieht, sollten Sie auf Genauigkeit und Detailtreue achten. Brechen Sie immer im gleichen Moment in Gelächter aus, oder fasziniert Sie die Art, wie sie sich das Haar aus der Stirn streicht, bevor sie etwas sagt? Beschreiben Sie es! Menschen können nie genug davon bekommen, ihr eigenes Loblied zu hören – bis ins kleinste Detail, zu jeder Zeit!

Denken Sie auch an die verborgenen Werte, zum Beispiel Intelligenz und Scharfsinn des anderen. Wenn Sie einen erotischen Brief schreiben, geizen Sie nicht mit Ihren eigenen außerordentlichen Qualitäten. Aber vor allem müssen Sie den geliebten Menschen spüren lassen, wie ungeheuer begehrenswert er für Sie ist. Es gibt keine wirkungsvollere Art der Verführung. Sie können so spröde oder heißblütig sein, wie Sie wollen, wenn sie erregen wollen (erregen, nicht schockieren!), sollten Sie ruhig deutlich werden. Wie sehen Ihre Zärtlichkeiten aus – ausgedehnt und zart oder wild und leidenschaftlich? Denken Sie daran, daß Schreiben eine gute Vorbereitung für die wirkliche Tat ist. Gestehen Sie Ihre Träume und Phantasien!

Keine Banalitäten, bitte!

Langweilige Alltagsproblemchen haben in einem Liebesbrief nichts zu suchen. Einige der großartigsten Liebesbriefe wurden durch störende häusliche und berufliche Einzelheiten verdorben. Schreiben Sie einen Brief, den der Empfänger für immer aufbewahren will, ein Denkmal der Liebe und der Leidenschaft, ungetrübt von Trivialitäten, Kleinlichkeit und langweiligen Formalitäten.

Male ein Bild aus Worten ... Schenke dem Eichhörnchen ebensoviel

SIND DIE WESENTLICHEN QUALITÄTEN EINES BRIEFES

A Pocket Manual

Wenn Sie sich nicht ganz sicher sind, was Sie schreiben sollen, hier ein paar grundlegende Punkte, die in keinem Liebesbrief fehlen sollten:

- Sie vermissen den anderen und fühlen sich nicht wohl ohne ihn. Erzählen Sie (kurz und unterhaltsam), was Sie in seiner Abwesenheit so machen und was Sie machen würden, wenn er da wäre. Betonen Sie Ihre momentane Sehnsucht, entwerfen Sie im Vergleich dazu ein Bild vom Glück der Zukunft.
- Fragen Sie Ihre/n Geliebte/n, wie er/sie sich fühlt: Ist er/sie ebenso verzaubert? Wie äußert sich die Verliebtheit bei ihr/ihm?
- Sagen Sie, wie gut es Ihnen tut, diesen Brief zu schreiben.
- Schreiben Sie, wie sehr Ihnen der letzte Brief gefallen hat.

Bezugnahme

Sie sollten immer darauf Bezug nehmen, ob Sie einen anderen Brief beantworten, einen Briefwechsel beginnen oder an einen eigenen früheren Brief anknüpfen. Vergessen Sie nie, sich für einen erhaltenen Brief zu bedanken. Wie wir wissen, ist es eine große Leistung, einen Brief zu schreiben, und die sollte stets gewürdigt werden.

Wenn Sie einen Brief beantworten, sollte er immer vor Ihnen liegen. Gehen Sie auf alles Angesprochene ein, sonst hat Ihr Briefpartner das Gefühl, Sie hätten seinen Brief nicht sorgfältig gelesen oder mißverstanden. Sie sollten jedoch niemals eine zu zweckmäßige oder mechanische Antwort verfassen. Beziehen Sie sich auf den Brief. Greifen Sie die Gedanken des anderen auf, und spinnen Sie sie weiter.

Schreibstil

Ein Briefwechsel ist wie ein schriftliches Gespräch. In einer gewöhnlichen Unterhaltung wiederholen wir uns, machen grammatikalische Fehler, drücken uns unschön aus. In gesprochener Sprache werden solche Fehler meist gar nicht bemerkt oder aber entschuldigt und vergessen. Schwarz auf weiß jedoch werden Fehler zum dauerhaften Indiz für Ignoranz oder Leichtfertigkeit.

Beachtung wie dem Berg, kleinen Dingen ebensoviel wie großen.

How to Write – A Pocket Manual

WEG MIT ADJEKTIVEN WIE »ZUCKERSÜSS« ODER KOSENAMEN WIE »ENTLEIN«, »SCHÄTZCHEN« UND ÄHNLICHEM – NUR IRRE UND KINDER BENUTZEN SIE NOCH. IN AMERIKA UND, IN GERINGEREM AUSMASS, IN ENGLAND, SIND DIE FRAUEN LÄNGST NICHT MEHR DAVON ANGETAN, WIE PUPPEN ODER BABYS BEHANDELT ZU WERDEN.

Ingoldsby North

WIE BERECHNEST DU DEINE LIEBE? IN DOLLAR, MARK

Sie sollten den Liebesbrief immer als etwas betrachten, das möglicherweise Ihre Liebe, vielleicht sogar Sie selbst überdauert. Bringen Sie also nichts zu Papier, das Ihr Andenken beflecken könnte.

Dieses Buch ist nicht der Ort, um die Feinheiten der deutschen Sprache zu erörtern. Ein Grammatikfehler in einem Liebesbrief ist sicher keine strafbare Handlung. Ein falsch gebrauchter Dativ ist verzeihlicher als eine unaufrichtige Bemerkung oder eine abgedroschene Phrase.

Der Charme eines Briefes liegt in seiner Individualität. Briefe sind am schönsten, wenn man das Gefühl hat, der Verfasser hat seine Seele auf das Papier geschüttet. Schreiben Sie etwas, das kein anderer so hätte schreiben können.

Die besten Liebesbriefe bemühen sich um einen flüssigen Stil. Ein guter Brief sollte nicht gezwungen oder gekünstelt klingen. Zur Überprüfung des Stils ist es hilfreich, den Entwurf einmal laut zu lesen. Wenn er schon für Ihre eigenen Ohren unnatürlich klingt, ist er es wahrscheinlich auch.

Ein Liebesbrief sollte kein Monolog sein. Sprechen Sie den anderen so oft wie möglich direkt an, besonders in Sätzen, die ein »ich« enthalten. Das ist das schriftliche Gegenstück zu einer Berührung. Es wird Sie dem anderen näher bringen.

Vermeiden sie Unterstreichungen und übertriebene Schnörkel. Es gibt kaum eine Rechtfertigung für drei Ausrufezeichen (!!!). Eines pro Brief ist völlig ausreichend. Vergewissern Sie sich aber, daß das Gesagte auch wirklich wert ist, betont zu werden. Schreiben Sie nicht alles in Blockschrift. DAS SIEHT IMMER SO AUS, ALS WÜRDE MAN BRÜLLEN!

Verbannen Sie abgedroschene Klischees aus Ihren Liebesbriefen. Die sind nicht nur langweilig, sondern klingen auch unaufrichtig und vermitteln den Eindruck, daß Liebesbriefeschreiben zu Ihrer täglichen Routine gehört. Vielleicht fühlen Sie sich in Ihrer Verliebtheit wie ein Teenager, aber trotzdem sollten Sie schaudererregende Verniedlichungen wie Püppchen oder Pusselchen vermeiden, solange Sie nicht zum gängigen Wortschatz innerhalb Ihrer Beziehung gehören.

Sie mögen in Ihren Ohren niedlich klingen, die beschriebene Person kann sich aber dadurch herabgesetzt fühlen. Es wird den Geliebten sicherlich mehr erfreuen, wenn Sie ihn wie durch ein Kaleidoskop betrachten: Stets wandelbar, ein vielschichtiges Juwel, das in Facetten schillert.

Vermeiden sie nichtssagende Übertreibungen wie »Du bist das schönste Mädchen der Welt«, es sei denn, sie schmücken sie mit persönlichen Gedanken weiter aus. Dylan Thomas zum Beispiel verwendete genau diesen Satz, fügte aber hinzu: »... und ein Kuß von Dir ist es wert, dafür zu sterben«. Auf diese Weise hauchte er der abgedroschenen Phrase Individualität und Poesie ein.

Wenn Ihnen nicht das richtige Wort einfällt, benutzen Sie ein Wörterbuch. Verwenden Sie ungewöhnliche Wendungen, wo immer Sie können. Das erfrischt alle Regionen des Gehirns, und zwar auf beiden Seiten. Statt zu schreiben: »Ich liebe es, Dich zu küssen und Dich anzusehen«, können Sie mit Swinburne sagen »Dein Gesicht ist wie Honig auf meiner Zunge, und Dein Körper ist Balsam für meine Augen«. Sie können einen Satz sehr schnell aufpeppen, indem Sie alle schwachen und allzu gebräuchlichen Verben durch starke und lebendige ersetzen. Statt den anderen schlicht zu »lieben«, warum ihn nicht anbeten, begehren, vergöttern, umfassen, streicheln, liebkosen, sich an ihm ergötzen, Ihr Herz an ihn verlieren, hingerissen, betört, verzaubert von ihm oder ihm verfallen sein?

Originalität ist wichtig, aber hüten Sie sich vor Klugschwätzerei! Lange Wörter können hochtrabend klingen. Wenn Sie das dringende Bedürfnis haben, ein Fremdwort oder einen Fachausdruck zu benutzen, wäre es ratsam, vorher im Lexikon nachzuschlagen. Die Erklärung aus dem Lexikon (vielleicht aus dem gleichen, das der verwirrte Adressat hinzuziehen wird), offenbart manchmal andere Inhalte als die, die Sie im Sinn hatten.

Fachausdrücke eignen sich im allgemeinen nicht für Liebesbriefe. Ein Liebesbrief ist nicht der richtige Ort, um Ihre fachliche Kompetenz unter Beweis zu stellen. Die mögliche Ausnahme wäre, wenn Ihr Geliebter und Sie in der gleichen Branche tätig sind und Sie ein geistreiches Bild aus diesem Bereich anbringen möchten.

Verwenden Sie fremdsprachige Äußerungen nur, wenn Sie absolut sicher sind, daß der Empfänger sie auch versteht.

Machen Sie sich keine Gedanken über die Länge Ihres Schreibens. Lange Briefe sind out, genauso wie Mätressen und Lotterleben. Briefeschreiben ist keine Verpflichtung mehr, es ist Luxus.

A Compleat Introduction to the Art of Writing Letters

Abwegige Vorstellungen verlangen nach einer steifen und förmlichen Sprache, die für das Ohr ebenso unerfreulich ist wie ekelerregend für das Herz. Einzig Schlichtheit ist natürlich, und die Natur hat immer ihren Reiz.

Manche Briefe müssen lang sein, aber unter dem Aspekt der Zweckmäßigkeit ist ein kurzer Brief aus Fleisch und Blut besser und wirkungsvoller als neun Seiten oberflächliche Plauderei. Verwechseln Sie niemals Länge mit Qualität.

Natürlich ist es schwieriger, sich kurz zu fassen und präzise zu formulieren, als auszuschweifen. Doch Kürze kann sehr verführerisch sein. Man kann zum Beispiel Liebespostkarten schreiben. Ein kraftvoller Satz neben einem Bild hat oft eine überwältigende Aussagekraft. Mehrere Postkarten hintereinander können sogar richtig spannend sein.

Dieser Brief ist ziemlich lang geworden, weil ich leider nicht die Zeit hatte, ihn zu kürzen.

Blaise Pascal

Humor

Versuchen Sie in jedem Fall, witzig zu sein. Doch Vorsicht mit Frotzeleien und Ironie. Diese Art von Humor kann leicht zu Mißverständnissen führen. Sie sind ja nicht dabei, wenn der Brief gelesen wird, um eine zynische Bemerkung mit einem Lächeln abzumildern. Bleiben Sie bei Ihren Späßen also möglichst oberhalb der Gürtellinie, dann wird Sie auch niemand für unverschämt halten.

Geschickter Umgang mit der Sprache kann Ihren angeborenen Sinn für Humor gut zur Geltung bringen. In kurzen Briefen sind witzige Einzeiler ein wirkungsvolles Stilmittel. Wortspiele empfehlen sich nur dann, wenn der Adressat eine Ader dafür hat. Heben Sie sich eine wirklich spritzige Pointe für den Schluß auf. Verabschieden Sie sich mit einem Schmunzeln, und überzeugen Sie den geliebten Menschen davon, wie unterhaltsam Sie sind und wieviel Spaß man mit Ihnen haben könnte.

Ein amüsanter Schachzug kann auch sein, unter einem vielsagenden und witzigen Pseudonym zu schreiben – vorausgesetzt, der Empfänger weiß trotzdem, wer Sie in Wirklichkeit sind. Als »Sonderbeauftragter für Familienplanung« zum Beispiel können Sie Pikanterien einbauen, die unter anderen Umständen viel zu gewagt wären.

Ein Liebesbrief sollte wie eine Wundertüte sein: Vollgestopft mit guten Ideen und freudigen Überraschungen.

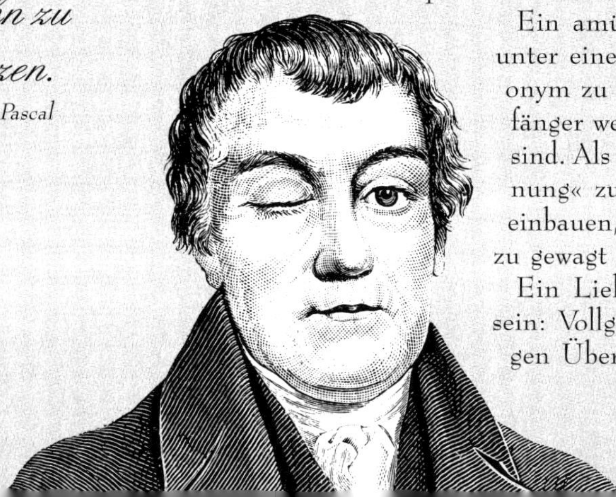

BERÜHMTE LIEBESBRIEFE

Zur Einstimmung auf die nachfolgenden Beispielbriefe, die dem Leser des Buches Ideen und Anstöße für eigene Liebesbriefe liefern sollen, möchte ich noch einige berühmte Briefe vorstellen, die sich allerdings auch mit den Schattenseiten der Liebe auseinandersetzen.

Katharina von England an Heinrich VIII. am 1. Januar 1536

Sire, mein liebster König, Herr und Gemahl, ich stehe im Begriffe, meine Seele in die Hände der göttlichen Barmherzigkeit zu übergeben; und also wird sie bald von diesem Körper erlöst sein, dem Sie so viel Leiden und Schmerzen verursacht haben. Aber so groß diese auch immer waren, so haben sie doch niemals vermocht, die Liebe, die ich jederzeit für Sie hegte und die bis ins Grab dauern wird, erkalten zu lassen, geschweige gar sie auszulöschen. Dies nötigt mich, heute diesen Brief an Sie zu schreiben, um Sie als Ihre Gemahlin zu ermahnen und als eine Christin zu erinnern, daß Sie an Ihre ewige Seligkeit denken, die Ihnen doch teurer sein soll als die vergängliche Krone, die Sie tragen, und alle Schätze und alle Hoheit der Welt. Ich habe nie verfehlt, den Vater des Lichts für Sie, mein liebster Gemahl und mein König, anzuflehen, daß er Ihnen gute Gedanken zu Ihrem Heil eingebe und Sie von den sinnlichen Vergnügungen abziehe, die mich so viel Tränen und Kränkungen gekostet und die Sie selbst in einen Abgrund von Unordnungen und Unruhen gestürzt haben. Übrigens verzeihe ich von Herzen alles, was Sie mir zuleide getan haben, und bitte Gott, daß er Ihnen nach seiner unendlichen Barmherzigkeit auch verzeihen wolle. Ehe ich noch meinen letzten Seufzer ausstoße, will ich Sie flehentlich gebeten haben, mir eine Gnade nicht abzuschlagen, die mir zu bewilligen alle Gesetze des Himmels und der Erde Sie verpflichten; ich meine, daß Sie für die Prinzessin Maria, Ihre und meine Tochter, sorgen möchten. Haben Sie sich auch gegen mich nicht als guter Ehemann beweisen wollen, so beweisen Sie sich doch wenigstens gegen sie als ein guter Vater. Ich ersuche Sie auch, für meine drei Kammerfräulein und für meine Bedienten zu sorgen, die mir so treulich gedient haben. Seien Sie so großmütig und lassen Sie ihnen vollends auszahlen, was ihnen von ihrem Gehalte rückständig geblieben ist; und geben Sie ihnen den Sold noch für ein Jahr dazu, um sie doch einigermaßen für das, was ich ihnen schuldig bin, zu belohnen. Ich schließe und versichere Sie, daß ich Sie noch von Herzen liebe; und das einzige, was ich wünschte, um ruhig aus der Welt zu gehen, wäre, Sie zu sehen und in Ihren Armen zu sterben.

Katharina von Aragon schrieb diesen Brief in der Ahnung ihres nahen Todes. Obwohl ihre Ehe mit Heinrich VIII. seit Jahren annulliert war, bittet sie ihn für die gemeinsame Tochter, die spätere Königin Maria I., zu sorgen.

Julie de Lespinasse an Jacques Antoine de Guibert am 21. Februar 1774

Lieber Freund! Ich gebe dem Drang meines Herzens nach. Ich liebe Sie. Ich fühle dabei eine so schmerzhafte Lust, als ob dies das erste oder das letzte Mal in meinem Leben wäre, daß ich diese Worte ausspreche. Ach, warum haben Sie mich dazu verdammt! Warum bin ich dahin gekommen! Einst werden Sie wissen, ach, werden Sie mich begreifen ...

Es ist mir gräßlich, nicht für Sie und durch Sie leiden zu dürfen! Sie nur lieben, ist das genug?

Leben Sie wohl, mein Freund.

Julie de Lespinasse, die sich ihren Lebensunterhalt zunächst als Erzieherin verdient hat, unterhielt später als Schriftstellerin ihren eigenen Salon. Ihre Briefe an Guibert gehören zu den bedeutendsten persönlichen Briefen des 18. Jahrhunderts.

Bettina von Arnim an Johann Wolfgang von Goethe im Juni 1825

... Ich konnte Dir nicht schreiben, seit ich Dich gesehen! – Die Seele ruhte solange in Deiner letzten Umarmung, ich konnte, ich wollte sie nicht wecken zu anderem Denken;

Du und Du mit liebender Begegnis: könnte ich mit Dir sein von Ewigkeit zu Ewigkeit, Fackelträger – und an der heimatlichen Schwelle lösche ich die Fackel, denn wir finden uns in der Finsternis im tiefsten Schacht der Seele, weil die Wahrheit uns leuchtet, denn ich bin ganz wahrhaftig in meiner Liebe, denn ich will mit Dir leben durch alle Regionen.

Stolzer Leib! Herrlicher Geist, Hort der Schönheit! Fassen und Fühlen, Schwimmen in Seligkeit, untertauchen in ihr, Küssen, Beten, Versinken, alles hast Du mich gelehrt, und nur in Dir hab' ich's begriffen.

Und welches mächtige Treiben, da wo jeder Herzschlag zu zählen ist, jeder Atemzug zu messen, jeder Seufzer zu wägen; denn alles andre hat kein Gewicht. Amen ...

Bettina von Arnim verehrte bereits als Backfisch den großen Dichter Goethe. Trotz eines Zerwürfnisses im Jahre 1811 entstand eine bleibende Freundschaft und geistige Verbundenheit über den Tod Goethes hinaus.

Caroline von Dacheröden an Wilhelm von Humboldt am 14. September 1790

Wie hast Du mich verlassen können? Wie Dich trennen von Deinem eigenen Leben? Lebst Du noch, Bill, oder ist Dein Herz in die tote Erstarrung des meinen versunken? Weh, ich habe Dich und mich betrogen. Ich habe auf Kräfte gerechnet, die der letzte Hauch Deines Mundes verweht, Dein letzter Kuß vernichtet hat. Ich habe Dich aus meinen Armen gelassen – mein eigen Dasein hab' ich mir entwandt! – O, Bill, Bill, komm zurück – ich trag' es nicht – Du weißt ja, daß mein Herz viel tragen kann, aber dies – – ach, verzeih, verzeih, meine Sinne sind verwirrt, meine Seele ist mir entrissen – diese Dumpfheit – mir ist, als fühlt' ich mich langsam vernichten. – Ich kann nicht weinen. Meine Augen sind trocken und brennen fürchterlich. Wie sie Dich nicht mehr sahen, versiegten auch die lindernden Tränen. –

Caroline von Dacheröden hat diesen Brief während ihrer Brautzeit an Wilhelm von Humboldt geschrieben, der damals häufig auf Reisen war und sie alleine zurückließ.

Beispielbriefe

Ouvertüren und Soli

Die nun folgenden Beispielbriefe dienen als Leitfaden – sie bieten Rohmaterial und Denkanstöße und versuchen, Berührungsängste in bezug auf Form und Stil abzubauen. Sie sollten jedoch immer Ihrer persönlichen Situation angepaßt werden: Es gibt kein Buch, daß Ihnen perfekte Liebesbriefe zum Abschreiben und Verschicken bieten kann. Das Geheimnis eines Liebesbriefes liegt in seiner Individualität.

Anmerkung der Autorin: In den Beispielbriefen habe ich das Geschlecht der Verfasser bzw. Adressaten willkürlich gewählt. Das Geschlecht spielt eigentlich keine grosse Rolle. Es gibt keine spezifisch männlichen oder weiblichen Liebesbriefe, es gibt nur gute und schlechte.

Du sagtest nur meinen Namen …

ERÖFFNUNGSZEILEN

Wäre es nicht nett, sich kennenzulernen, bevor uns Haare und Zähne ausfallen?

Vermißt wird: kaum gebrauchtes Herz. Wurde zuletzt in Deiner Gegend gesichtet.

♥

Wäre es zu riskant, wenn wir uns wiedersähen?

Bei manchen ist es eine chemische Reaktion, bei uns kam es mir wie eine Kernfusion vor.

(Antwort)

Wo? Bei dir.

Wann? Heute nacht.

Für immer? Mal sehen …

HAST DU MICH IRGENDWO BESTELLT?

ICH HABE DAS GEFÜHL, ICH WURDE SPEZIELL FÜR DICH ANGEFERTIGT.

Warum hast Du mich so angesehen und mich so angelächelt und so mit mir gesprochen? Jetzt ist, kann nichts mehr so sein, wie es war.

EINE EINZIGE STUNDE MIT DIR, UND • HERZ UND VERSTAND SIND SICH EINIG:

Ich gehöre Dir!

Die Jugendliebe

Eine Träumerei

Ich war fast noch ein Kind. Ich wußte noch nichts von männlichen Träumen und Sehnsüchten, und dennoch träumte ich von einer Frau. Sie war weder Mutter noch Schwester, noch Freundin für mich, und trotzdem liebte ich sie. Ich verstand diese Art von Liebe nicht. Aber sie war stark. Manchmal beunruhigte mich dieses Gefühl so sehr, daß ich mir wünschte, es würde einfach aufhören. Aber es ist immer noch da, bis zum heutigen Tag.

Diese Frau hatte ein schmales, blasses Gesicht und weiches dunkles Haar. Ihre Stimme sprudelte wie Wasser und klang in meinem Kopf noch lange nach. Wenn sie in meiner Nähe war, konnte ich die Wärme ihrer Liebe spüren. Irgendwie suche ich bis heute nach ihr.

Bei unserer ersten Begegnung werden wir uns kaum berühren. Das kommt später, viel später.

Wir haben alle Zeit der Welt und können auf den richtigen Augenblick warten.

Ich werde Deine Hand halten und die Wärme Deiner Gegenwart spüren.

Mehr verlange ich nicht, noch nicht.

Ich sah Dich zum ersten Mal auf einem Foto bei ... Ich besuchte sie oft, und sie sprach immer wieder von Dir.

Ich kann mich noch ganz genau an das Gefühl erinnern, als ich erfuhr, daß ich Dir endlich begegnen würde. Ich wußte, daß ich feuerrot anlaufen würde.

Wir trafen uns. Wir sprachen nur kurz miteinander.

Ich beobachtete Dich. Ich versuchte, Dich nicht anzustarren. Ich war wie geblendet. Du sahst so wunderschön aus.

Aber Dein Bild ist verblaßt. Ich sehe nur noch Dein Foto vor mir. Wann kann ich Dich wiedersehen?

Frisch verliebt

Ein Eröffnungszug

Stell Dir mal vor, ich wäre am Freitag nicht zu dieser Party gegangen! Dann wäre ich Dir niemals begegnet, und alles wäre noch wie vorher. Nachdem man uns miteinander bekanntgemacht hatte, sah ich den ganzen Abend nur noch Dein Gesicht, hörte nur noch Deine Stimme, wollte nur in Deiner Nähe sein.

Du im Voraus
verlorne Geliebte, Nimmergekommene,
nicht weiß ich, welche Töne dir lieb sind.
Nicht mehr versuch ich, dich, wenn das Kommende wogt,
zu erkennen. Alle die großen
Bilder in mir, im Fernen erfahrene Landschaft,
Städte und Türme und Brücken und unvermutete Wendung der Wege
und das Gewaltige jener von Göttern
einst durchwachsenen Länder:
steigt zur Bedeutung in mir
deiner, Entgehende, an.

Ach, die Gärten bist du,
ach, ich sah sie mit solcher
Hoffnung. Ein offenes Fenster
im Landhaus –, und du tratest beinahe
mir nachdenklich heran. Gassen fand ich, –
du warst sie gerade gegangen,
und die Spiegel manchmal der Läden der Händler
waren noch schwindlich von dir und gaben erschrocken
mein zu plötzliches Bild. – Wer weiß, ob derselbe
Vogel nicht hinklang durch uns
gestern, einzeln, im Abend?
Rainer Maria Rilke

Irgend etwas an Dir – ich weiß nicht genau, was – zieht mich magisch an. Obwohl wir kaum miteinander gesprochen haben, waren wir sofort Freunde. Aber da ist noch etwas anderes, etwas, das meiner Phantasie Flügel verleiht und mir sagt, daß wir viel mehr füreinander sein könnten.

Es war wunderschön, Dich zu beobachten. Du strahltest heller als alle anderen Menschen auf dieser Party. Aber das reicht mir nicht. Ich möchte Dich ganz für mich, und wenn es nur für einen Abend ist.

Ich hoffe, daß ich Dich mit meinen Erwartungen nicht verschrecke. Ich verlange gar nicht soviel. Ich würde Dich einfach gerne wiedersehen, nur für ein paar Stunden, nur reden, nur zuhören.

Ich lege ein Gedicht von Rainer Maria Rilke bei. Es beschreibt, was passieren könnte, wenn Du nicht »Ja« sagst. Sag »Ja«!

Liebesbereitschaft

Reaktion auf den Eröffnungszug

Ja! Der gleiche Vogel klang hin durch mich, gestern, im Abend. Ich bin so erleichtert, daß Du mir geschrieben hast, sonst hätte ich Dir noch einmal schreiben müssen.

Bitte mich um was Du willst. Ich kann Dir nichts abschlagen. Um ehrlich zu sein: Mir fallen dauernd Dinge ein, um die Du mich liebend gerne bitten dürftest.

Dein Brief war so poetisch – ich glaube, man könnte ihn singen! Ich kann gar nicht fassen, daß ich solche Wortgewalt in Dir ausgelöst haben soll. Ich weiß, wie viele Menschen Dich lieben und bewundern, und deshalb kann ich mir nicht vorstellen, warum Du Dir unter allen Leuten auf dieser Party ausgerechnet mich herausgesucht hast. Aber vielleicht ging es Dir so wie mir: Es war magische Anziehungskraft, ein Blitz aus heiterem Himmel, der immer noch alles um mich herum erleuchtet. Plötzlich sehe ich die Welt in einem ganz anderen, wärmeren und strahlenderen Licht. Wie konnte all das in so kurzer Zeit passieren?

Ich wäre überglücklich, Dich wiederzusehen. Möglichst bald! Ich glaube nicht an Lustgewinn durch Verzögerung. Treffen wir uns doch in einem Garten – einem, den Du mit solcher Hoffnung sahst.

Noch schwindlig von *Dir*, Deine …

… zu manchen Dingen, die ich sagte, bemerktest du: »Ja, ich weiß«, noch bevor ich sie ganz ausgesprochen hatte. Ich weiß nicht mehr, was ich sagte, aber ich erinnere mich noch an Dein: »Ja, ich weiß«.

Stephen Crane an Nellie Crouse

KURZFASSUNG

Ich liebe es, wie Du meinen Namen sagst. Ich liebe es, Deine Gedichte wie Liebkosungen und Deine Worte wie Küsse zu empfangen. Noch mehr würde ich lieben, Dich wiederzusehen …

Vom Blitz getroffen

Liebe auf den ersten Blick

Wahrscheinlich findest Du es ungewöhnlich, daß Dir jemand einen Brief schreibt, und Du kennst denjenigen noch gar nicht. Lies ihn bitte trotzdem. Es könnte wichtig für Dich sein.

Ich habe Dich nur ein einziges Mal gesehen, am Fenster Deines Büros, dennoch habe ich das Gefühl, daß Du mir viel bedeuten würdest, wenn wir uns eines Tages tatsächlich kennenlernen. Du bist schon jetzt mehr für mich, als ich beschreiben kann. Dein Gesicht erscheint mir überall – auf schneebedeckten Wiesen, auf regennassen Straßen, im Laub der Bäume. Ich dachte immer, Liebe auf den ersten Blick gibt es nicht. Jetzt weiß ich es besser.

Ich fürchte, daß wir keine gemeinsamen Bekannten oder Kollegen haben, die uns einander vorstellen könnten. Ich wollte Dich auch nicht ansprechen. Das hätte Dich vielleicht erschreckt.

Ein Brief scheint also das einzig Richtige zu sein, um mit Dir in Kontakt zu treten, ohne daß du mich gleich für verrückt hältst. Ich bin nicht verrückt – nur nach Dir.

Ich möchte Dich so gerne richtig kennenlernen. Wir können uns doch in dem Café neben Deinem Büro treffen. Freitag mittag vielleicht? Ich werde Dich bestimmt nicht lange aufhalten. Es dürfte Dir nicht schwerfallen, mich zu erkennen: Ich bin der, der übers ganze Gesicht strahlt, wenn Du hereinkommst.

Wenn Du mich nicht treffen willst, werde ich Dich nicht länger belästigen.

Du brauchst mir noch nicht einmal zu antworten. Komm einfach, wenn Du es für richtig hältst. Wenn Du mich später vielleicht einmal erreichen willst, hier ist meine Adresse – ich werde auf Dich warten.

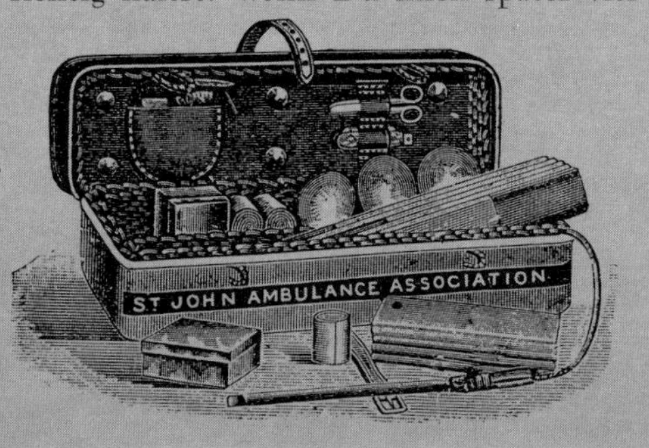

VERLETZUNGSRISIKO BEI BLITZSCHLAG:

BLITZE VERURSACHEN ÄHNLICHE VERLETZUNGEN WIE STARKSTROMSCHLÄGE.

ES BESTEHT AKUTE LEBENSGEFAHR.

BEI BLITZSCHLAG VERLIERT DER GETROFFENE MEIST SOFORT DAS BEWUSSTSEIN.

DIE HAUT KANN VERBRENNUNGEN AUFWEISEN, BESONDERS AN STELLEN, AN DENEN METALLISCHE GEGENSTÄNDE AUF DER HAUT GETRAGEN WURDEN.

BEI DER KLEIDUNG BESTEHT BRANDGEFAHR.

MASSNAHMEN: WENN NÖTIG, BEATMUNG, VERSORGUNG DER BRANDWUNDEN.

So oft schon suchte Cupido mein Herz zu treffen, und jedes Mal entging ich seinem Pfeil. Doch als ich dann in Deine Augen sah, gab's kein Entrinnen mehr, und ganz gefangen bin ich nun in Deinem Bann. Denn gegen Deine Waffen, Deine Reize gibt es keine Gegenwehr.

The Amorous Gallant's Tongue

Bedächtige Liebe

Ein Entwurf

Bei unserer ersten Begegnung ...
werden wir uns zum Abschied flüchtig küssen.

Bei unserer nächsten Begegnung werde ich schon kühner.
Du wirst sagen, wir wollen es »langsam angehen«.

In einem Café am Fluß werde ich Dein Haar berühren.
Wir werden uns unterhalten, lachen und mehr voneinander erfahren.
Zum Abschied werden wir uns zärtlich küssen.

Bei unserer dritten Begegnung werden wir einen ganzen Abend miteinander verbringen und genau wissen, daß er zur Nacht werden wird.
Denk daran, wir wollten es doch »langsam angehen«.

Wir werden stundenlang reden. Du wirst mich aufziehen, ich werde dich necken.
Wir laufen durch die Straßen, Du hängst Dich bei mir ein.
Du hast Angst davor, verletzt zu werden.
Ich werde Dich bitten, mir zu vertrauen.

Wir werden bei sanfter und betörender Musik auf Deinem Sofa liegen und uns nicht bewegen.

In dieser Nacht werden wir in Deinem Bett liegen, und ich werde Dich streicheln. Feuer und Leidenschaft kommen später.
Denk daran, wir wollten es »langsam angehen«.
Zum Abschied küssen wir uns liebevoll.

Wie

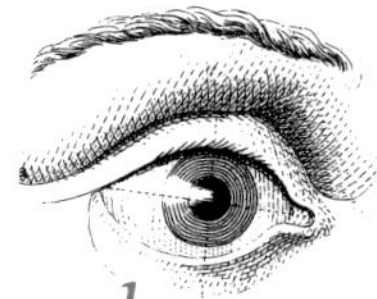

deins,

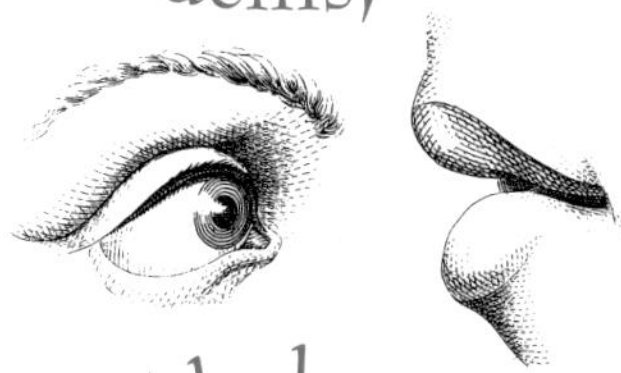

Geliebte,

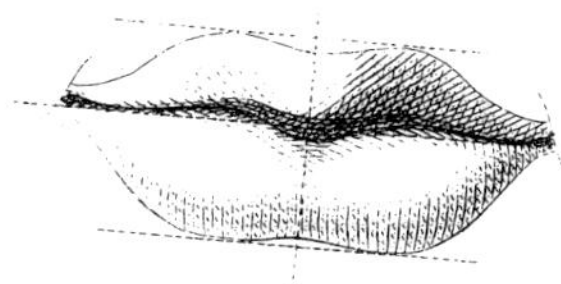

muß ein

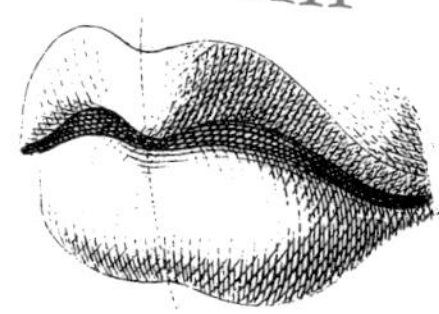

menschliches

Gesicht sein.

Edwin Muir

Poetische Liebe

Eine Andeutung

Verzeih, daß ich Dir nicht früher schrieb.
Doch als ich Dich traf, überfiel mich diese Stille.
Die Stille kurz bevor sich der Vorhang hebt.
Die Stille zwischen Blitz und Donner.
Fühlst Du sie auch?

Prosaische Liebe

Ein Ultimatum

Wir müssen endlich einmal Klarheit schaffen. Willst Du mich sehen oder nicht? Ich lasse mich nicht mehr von Dir hinhalten. Ich lasse mich nicht mehr mit einem Fax oder Brief alle zwei Wochen oder zwei bis drei Verabredungen im Jahr abspeisen. Ich habe langsam genug von diesem Unsinn. Ich werde Dir nicht mehr hinterherlaufen. Wir treffen uns am Freitag um fünf in Deinem Büro – oder gar nicht und nie mehr. Es liegt an Dir.

Litfaßsäulenliebe

Erinnerst Du Dich an mich?
Ich stand am Samstagmorgen um 9 Uhr sieben an Gleis drei, und Du hast mir durch das Fenster Deines Abteils zugelächelt.
Woher ich das so genau weiß? Nun, seitdem steht die Zeit für mich still. Ich weiß, daß uns dieses Lächeln durch Mark und Bein ging. Ich weiß, daß Du am liebsten aus dem Zug gesprungen wärest – direkt in meine Arme. Doch dann schlossen sich die Türen, und der Zug nahm Dich mit sich fort ans Ende der Welt. Also hab' ich dieses Foto von mir machen lassen, auf dem ich genau da stehe, wo sich unsere Blicke trafen. Ich trage die gleichen Sachen und lächle das gleiche Lächeln (obwohl das ohne Dich gar nicht so leicht ist). Ich werde dieses Foto an jeder Haltestelle entlang Deiner Linie aufhängen. Wenn Du es siehst, ruf mich doch bitte an. Ich möchte da weitermachen, wo wir aufgehört haben.

Deine Mutter muß sich von Rosen ernährt haben, als sie Dich unter dem Herzen trug. Wie sonst könntest Du so lieblich duften?

The Amorous Galant's Tongue

Liebe auf den siebzehnten Blick

Aus Freundschaft wird Liebe

Spürst Du auch, daß etwas Außergewöhnliches mit uns vorgeht? Spürst Du, wie sich unsere Freundschaft in Liebe verwandelt? Spürst Du, wie sich mein Widerstand langsam in Zärtlichkeit auflöst?

Du bist wie ein Teil von mir. Ich finde Dich in jedem Gedicht, das ich lese, und jedes Liebeslied, das ich im Radio höre, handelt von Dir. Mein Herz zerfließt wie Honig, wenn ich an Dich denke. Sonette und Sonaten wären gerade gut genug für Dich ... aber für mich ist dieser Brief die beste Art, Dir begreiflich zu machen, was ich fühle. (Ich hoffe nur, daß Du meine Schrift entziffern kannst. Dies ist seit Jahren der erste Brief, den ich nicht per Computer schreibe. Es wäre allerdings unvorstellbar, meine Gefühle für Dich maschinell zu bearbeiten.)

Ich weiß gar nicht, wie lange ich schon mit mir ringe. Wenn ich Dich sehe, bricht in meinem Herzen ein Orkan los, und mein Verstand stimmt Jubelgesänge an, trotzdem bringt mein Mund kein einziges Wort heraus.

Bisher war ich nicht in der Lage, meine panische Angst vor Zurückweisung zu überwinden. Ich wage kaum zu hoffen, daß Du meine Gefühle erwidern könntest. Aber ich bin an einem Punkt angelangt, an dem es schmerzhafter ist, meine Liebe geheimzuhalten, als das Risiko einzugehen, sie Dir zu gestehen.

Ich würde zu gerne Dein Gesicht sehen, wenn Du das liest!

Neugierige Liebe

Bist Du eine Weltreise oder ein Spaziergang? Bist Du die Richtige oder nur eine unter vielen? Ich möchte Dich besser kennenlernen. Ich möchte, daß es lange anhält. Ich möchte wie C. K. Williams sein (Gedicht liegt bei). Ich glaube fast, ich liebe Dich – höchstwahrscheinlich.

Ich schlendere an deinem Lid entlang
in Richtung Tränenkanal.
Deine Wimpern sind wie dichtes Schilf
und eine Träne versperrt mir den Weg wie ein Fels.

Es wird lange dauern, bis ich durchkomme.
Ich plaudere mit Nachbarn, versuche es mit Penicillin, Dampfbädern und Meditation
über Gott und die Welt und verschiedene Sonette

und schlage noch weitere sechs Monate
mit dem Vorschlaghammer darauf ein, bis ich endlich
hineinkomme und durch dein Gesicht wandere,
dich von Innen sehe und auf dieser Seite küsse.

Jetzt bin ich ein Wort in dir. Hier bin ich,
»tanzend«, »liebend«, »Plätzchen backend«.
Ich finde ein Teleskop
und einen alten Sterndeuter,

mit dem ich mein eigenes Gesicht ergründen kann,
und dann lasse ich mich hinter deinem Wangenbein nieder
und träume von Bolivien und Mandarinen und dem Landleben
und dann schlendere ich wieder an deinem Lid entlang.

Heimliche Liebe

Lösung eines romantischen Rätsels

(Dieser Brief erfordert einige Vorbereitung)

Es ist jetzt über ein Jahr her, seit ich Dich zum ersten Mal sah. Mir läuft jedes Mal ein Schauder über den Rücken, wenn ich Dich sehe – halb vor Entzücken, halb vor Schreck. All die Rosen waren von mir. Ich war es auch, der Dir am Telefon Mozart vorgespielt hat. Ich war es, der Dir die selbstgebastelte Karte zum Valentinstag schickte.

Wenn Du wissen willst, wer ich bin, komm morgen um vier Uhr ins Café ... Ich werde am Fenster sitzen und *Die unerträgliche Leichtigkeit des Seins* von Milan Kundera lesen (Kennst Du das?).

Wahrscheinlich hältst Du mich jetzt einfach für unverschämt und fragst Dich, ob ich noch ganz bei Trost bin. Wahrscheinlich hältst Du auch meine Bitte um ein Treffen für völlig abwegig und findest diese Art der Verehrung altmodisch und verstaubt. Komm doch bitte trotzdem. Gib mir die Chance, das Rätsel zu lösen. Ich habe so eine Ahnung, daß Du nicht enttäuscht sein wirst.

Dein hoffentlich bald nicht mehr geheimnisvoller Bewunderer ...

Sonntagsliebe

Eine Beichte

Ich kam, sah und war besiegt. Noch nie hatte jemand einem anderen Menschen mehr zu sagen, und noch nie war jemand weniger imstande dazu. Eigentlich war ich in die Kirche gegangen, um meine Seele zu retten. Statt dessen habe ich sie verloren, und zwar an Dich. Du hast gesungen. Ich war sprachlos. Du knietest nieder, du bist aufgestanden, du hast Dich wieder hingesetzt, Du lächeltest, für Dich war alles ganz normal. Aber ich litt inzwischen Höllenqualen der Sehnsucht und der Liebe.

Als ich Dich beobachtete, waren die ersten zehn Gebote in meinem Kopf wie ausradiert. Dafür fiel mir ein elftes ein: Du und ich sollen einander lieben, nur einander, für alle Zeit. Während der Chor »Lobet den Herren« sang, konnte ich ganz deutlich die wunderbaren Worte aus dem Hohelied Salomo hören: »Siehe, meine Freundin, du bist schön; siehe, schön bist du ... Du hast mir das Herz genommen ...

Während des ganzen Gottesdienstes dachte ich nur an Dich.

Natürlich haben wir noch nie miteinander gesprochen. Aber ich habe Dich singen hören und Dein sanftes Gesicht gesehen und hatte das Gefühl, Dir in die Seele zu blicken. Dieser Brief ist der demütige Versuch, Deine Bekanntschaft zu machen.

(In Anlehnung an einen Brief von George Farquhar)

Da,
da ist
meine
Hand
– gehen
wir!

Natalia Herzen

Montagsliebe

Ich konnte nicht einschlafen, weil ich an Dich denken mußte. Als ich aufwachte, mußte ich an Dich denken. Ich zog mich an und mußte an Dich denken. Dann habe ich Radio gehört und mußte an Dich denken. Ich stieg in die überfüllte U-Bahn und mußte an Dich denken. Ich tat so, als würde ich arbeiten und mußte an Dich denken. Dann bin ich durch Laub und Regen nach Hause gelaufen und mußte an Dich denken. Bei einem Glas Rotwein mußte ich an Dich denken. Ich setzte mich an den Kamin, kraulte die Katze, las Liebesgedichte und mußte an Dich denken. Ich ging ins Bett und mußte an Dich denken. Ich konnte nicht einschlafen, weil ich an Dich denken mußte. Als ich aufwachte, mußte ich an Dich denken.

KURZFASSUNG

Zwischenstand
nach fünf
Stunden:
Verführung:
teilweise;
Vergnügen:
total;
Verlängerung:
O ja, bitte!

Glücklich und zufrieden

Rückblick auf ein erstes Rendezvous

Ich müßte eigentlich arbeiten. Ich bin nämlich gerade in einer Sitzung. Aber ich kann mich nicht konzentrieren. Ich muß die ganze Zeit an unseren gemeinsamen Abend denken. Da ist für Fakten und Diagramme einfach kein Platz mehr. Wie können die nur erwarten, daß ich über Kostendämpfung spreche, wenn ich ständig das Leuchten in Deinen Augen vor mir sehe?

Wahrscheinlich bist Du auch in einer Besprechung. Ob Geschäftsbelange Deine Augen wohl zum Leuchten bringen? Ich kann die Menschen um uns herum einfach nicht verstehen. Wieso denken eigentlich alle an nichts anderes als an Geld? Das einzige, was im Augenblick tatsächlich Wert hat, ist eine Stunde mit Dir.

Ich liebe jede Minute, die ich mit Dir verbringen kann. Ich bin so froh, daß Du bereit warst, mit mir auszugehen, obwohl Du mich kaum kanntest. Ich hoffe, Du hast es genauso sehr genossen wie ich.

Was mich betrifft, hat der letzte Abend meine kühnsten Erwartungen noch übertroffen. Ich glaube, ich habe noch nie etwas Schöneres erlebt als die Zeit in Deiner Gesellschaft. Im warmen Licht des Sonnenuntergangs sahst Du wie eine Göttin aus. Und Deine Stimme klang wie das Echo meines Herzens. Eigenartig, nicht wahr?

Was hast Du gemacht, seit wir uns das letzte Mal gesehen haben? Kannst Du mir sagen, wie ich die Zeit bis zu unserem Wiedersehen ertragen soll? Vielleicht würde es helfen, wenn Du mir schreibst. Auch wenn es nur eine Zeile ist, ein Zettelchen, eine Postkarte, ein E-Mail. Sag mir, was Du tust und was Du denkst. Denkst Du überhaupt an mich?

Ich muß jetzt Schluß machen. Langsam fällt auf, daß ich mit meinen Gedanken nicht so ganz bei dieser Konferenz bin. X guckt mich schon so komisch an und grinst vielsagend. Ich wette, er weiß, was los ist. Aber ich bin noch nicht bereit, Dich – oder »uns« – mit irgend jemandem zu teilen.

Mmmmmmmmmm! Noch einmal?

KURZFASSUNG

Das Beste an einem Rendezvous mit Dir ist das, was danach kommt: Dein Brief ist wunderbar.

Erwiderte Liebe

Danke, danke! Dein Brief ließ mich erröten, lächeln, laut auflachen. Ich weiß nicht, ob ich schon einmal so etwas gefühlt habe. Ich bin beschwipst von Deinen Worten, genauso wie ich trunken war von Deiner Gegenwart. All meine Sinne sind erfüllt von Dir, wunderbar, harmonisch und reich. Ich weiß nicht, womit ich Dich vergleichen soll: Du bist wie ein Satz des zweiten Brandenburgischen Konzertes. Du bist wie ein Marmeladenglas in der Sonne. Du lächelst wie ein warmer Sommerregen. Du lachst wie ein Diamant.

Ich hatte wirklich nicht zu hoffen gewagt, so bald nach unserem Rendezvous von Dir zu hören. Aber an diesem Morgen blieb ich aus irgendeinem Grund länger liegen und brauchte danach besonders lange, um mich anzuziehen. Ich schwebte in einem Zustand seeliger Erinnerung und Erwartung, und jeder Gedanke brachte mich zurück zu Dir. Plötzlich war es 9 Uhr 15, und ich kam zu spät zur Arbeit – aber ausnahmsweise war ich noch zu Hause, als die Post kam. Ich muß es geahnt haben.

Zuerst habe ich einfach nur das eigenartig warme Gefühl ausgekostet, meinen Namen in Deiner Handschrift zu sehen, dann riß ich den Brief auf und las ihn sofort (zweimal!). Im Bus habe ich ihn dann noch weitere dreimal gelesen. Als ich zur Arbeit kam, las ich ihn, bevor ich mich mit der Post beschäftigte, und während meiner Kaffeepause wieder (zweimal), und in der Mittagspause nahm ich ihn mit in die Kantine. Jetzt ist zwar ein Kaffeefleck auf dem ersten Absatz, aber das macht nichts. Ich kenne Deinen Brief sowieso schon in- und auswendig. Schreib mir doch so bald wie möglich einen neuen. Ich verspreche auch, daß ich ebenso liebevoll mit ihm umgehen werde.

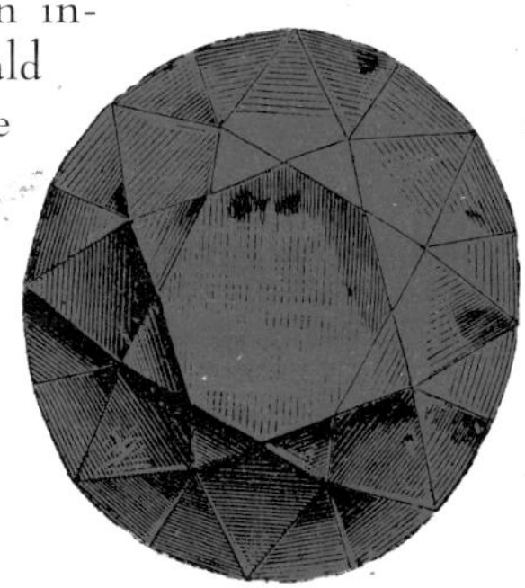

Du betörender Stoff meiner Träume und Herrin meines inneren Glücks, süß waren deine Zeilen, Gott weiß, wie sehr.

Angel Day

Duette und Konzerte in zwei Sätzen

Im Sturm erobert

Ein Notfall

Du hast mein Herz entführt. Solange Du es in Deiner Gewalt hast, kann ich an nichts anderes denken als an Dich. Jemand fragt mich, »Trinkst Du Deinen Kaffee mit Zucker?«, und ich denke: Sie ist die süßeste Frau, die ich je getroffen habe. Jemand sagt, »Haben Sie am Donnerstag Zeit für ein Besprechung?«, und mein erster Gedanke ist: Am Mittwoch werde ich sie wiedersehen. Du wirst sicher verstehen, daß ich nicht bis Mittwoch warten kann, denn alles, was ich in der Zwischenzeit anfange, ist für die Katz'.

Glaubst Du wirklich, daß ich zu Geduld, Selbstaufgabe und Einschränkung fähig bin? Nein, niemals! Wenn ich Dich sehe, bin ich überwältigt. Wenn ich Dich nicht sehe, tut mir alles weh. In diesem Augenblick vermisse ich Dich schmerzlich. Ich will Dich jetzt!

Du willst doch bestimmt nicht, daß ich deinetwegen leide, oder? Du willst doch nicht, daß ich verschämt den Blick senke und ewig um den heißen Brei herumrede, oder? Wir waren doch immer direkt. Ich will keine immerwährende Glut.

So viel kann ich Dir schreiben. Aber es gibt Dinge – wichtige Dinge – die ich Dir nur zeigen kann. Ich muß Dich morgen sehen. Ich möchte den ganzen Tag mit Dir verbringen und dann die Nacht. Ich habe Dir noch so viele Dinge zu sagen, die man wirklich nicht schreiben kann.

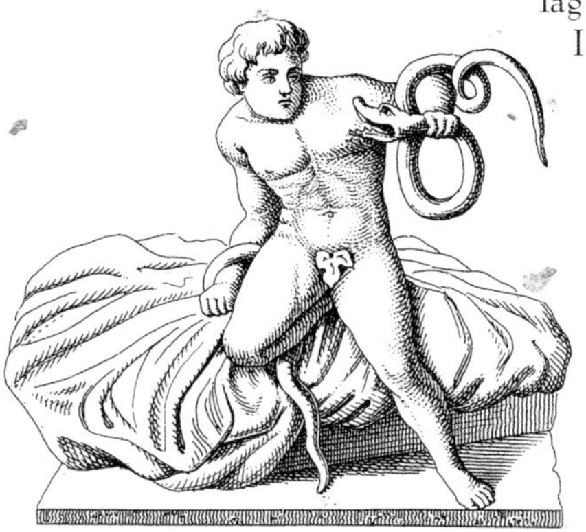

Am besten faxt Du mir Deine Antwort augenblicklich zu, sonst glaube ich noch, der Briefträger wurde vom Blitz getroffen, der Postzug ist entgleist oder das Postamt ist abgebrannt!

Ich hätte gerne ein unzüchtiges Fax. Dies ist nicht der richtige Zeitpunkt für Zurückhaltung.

(In Anlehnung an Briefe von Richard Steele und Thomas Otway)

KURZFASSUNG

Geliebte, Liebling, liebst Du mich? Ja? Ja? Ja, Schatz? Sag mal, liebst Du mich? Ja? Sag, daß Du mich liebst. Nein? Ja, mein Engel? Herzchen, ja? Liebst-Du-mich? Ja, Geliebte, ich weiß, daß Du mich liebst; aber ich will, daß Du es sagst. Schreibst. Sofort!

Liebe zum Mittagessen

Eine Einladung per Fax

Sieh aus dem Fenster. Da steht ein Taxi. Es wartet auf Dich. Steig ein, es wird Dich zu mir bringen. Auf dem Rücksitz liegt eine Speisekarte. Such Dir unterwegs schon einmal etwas aus. Ich möchte die kostbare Zeit mit Dir nicht verschwenden.

Kalkulierte Liebe

Aufforderung zum zweiten Kuß

(I.) Ich habe einen Kuß auf unser gemeinsames Konto eingezahlt. Wir sollten uns schleunigst um die Vermehrung der Summe bemühen. Ich hoffe, daß sich auf diese Weise in naher Zukunft ein ganz beachtlicher Betrag ansammeln wird.

(II.) Ich war schon immer gut in Mathematik. Mir fällt da folgende Gleichung ein: Wenn ich X bin und Du Y, und die Länge der Hypotenuse im Quadrat der Summe der beiden Schenkel im Quadrat entspricht, muß unser zweiter Kuß noch schöner werden als der erste.

Liebesklage

Variation in E-Mail

Ich bin verzweifelt. Unser erster Kuß, unser erster Datenaustausch, unser erstes Interface: aus und vorbei. Wir können es nicht zurückholen. Leidest Du auch? Können wir einander trösten?

Laß uns ein neues Beziehungsset-up starten. Unser Internet könnte uns ungeahnte Möglichkeiten eröffnen. Gewähre mir Zugang zu Deinen Datenbanken! Ich möchte in Deinen Dateien herumstöbern. Ich möchte Befehle eingeben. Ich möchte meine Gefühle auf Deiner Festplatte parken, auch wenn das all Deine Programme zum Absturz bringen sollte.

Wagen wir einen Datenaustausch?

Attestierte Liebe

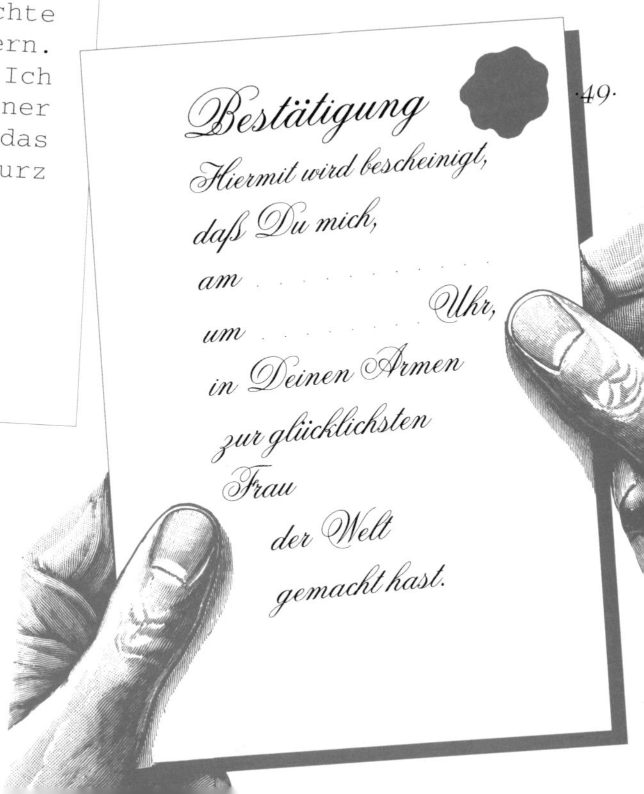

Aus Lust und Liebe

Ein verführerisches Angebot

Bade Deinen süßen Leib in Scham-losigkeit

Es ist wie verhext: Einerseits möchte ich Dich einfach nur sehen, mit Dir sprechen, Dir die Welt zeigen – und andererseits habe ich ein unbezähmbares Verlangen danach, ohne lange Vorrede sofort mit Dir zu schlafen.

Seit wir uns letzte Woche begegnet sind, gehst Du mir nicht mehr aus dem Kopf, und ich fürchte, daß sich auch mein Herz nicht mehr lange gegen Dich wehren kann. Mehrere andere Organe weisen bereits sehr beunruhigende Symptome auf. Ich brauche Deine Ellbogen auf meinem Tisch, Dein Haar auf meinem Kopfkissen, Deine Küsse auf meinen Lippen, Deine Hände auf meinem Körper, Deinen Atem auf meiner Haut.

Wenn ich an Dich denke, gerät mein Blut in Wallung. Meine Phantasie geht mit mir durch und schlägt eine ganz spezielle Richtung ein. Ich sehe Dich vor mir, Dein Körper ist wie eine Einladung. Im Kerzenlicht siehst Du wunderschön aus, doch im Dunkeln kann ich Dich am besten sehen.

Ich würde gerne ein erotisches Gedicht über Dich schreiben. Ich möchte das Vergnügen, das wir einander bereiten, in Worte fassen. Ich möchte beschreiben, wie die ganze Welt um uns herum versinkt. Aber das wäre viel zu riskant. Was, wenn dieser Brief jemand anderem in die Hände fällt?

KURZFASSUNGEN

Was ist nur so verführerisch an Dir? Ich liebe Deinen lasziven Blick. Ich liebe Deinen Übermut. Am meisten liebe ich Dein (Körperteil), wenn Du (Kleidungsstück) trägst. Leider kommt das viel zu selten vor. Aber schon die bloße Vorstellung versetzt meine Hormone in Aufruhr.

Laß meinen wilden Händen freien Lauf,
voran, zurück, hindurch, hinab, hinauf.
Du mein Amerika! Mein neuentdecktes Land,
mein Königreich, mit einem Mann bemannt.

John Donne

ADIEU, ICH KÜSSE DICH AN DIE ERSEHNTE STELLE; MEIN MUND LEGT SICH DARAUF. ICH ÜBERROLLE DICH MIT TAUSEND KÜSSEN. O GIB MIR DOCH EIN PAAR ZURÜCK!

Gustave Flaubert an Louise Colet

Unschuldige Liebe

Ein zarter Annäherungsversuch

Ich schreibe, um Dich wissen zu lassen, daß ich nur Deine Hand halten und ganz still neben Dir sitzen möchte. Ich möchte Dir in die Augen sehen und in Deiner Seele lesen.

Du bist für mich wie eine Quelle reinster Luft, wie ein weißblühender Zweig, ein klarer Fluß, in dem sich der Sonnenaufgang widerspiegelt. Du bist wahrhaftig zart wie eine Taube, und ein liebes Wort von Dir ist mir mehr wert als eine Perle.

Schon der Gedanke, daß Deine lieben Augen lesen werden, was meine Hand gerade schreibt, macht mich glücklich.

All meine Hoffnung auf Glück soll im Sande verlaufen, wenn ich mit meinem Antrag an Dich irgendwelche finsteren Absichten hege, wenn meine Gedanken an Dich nicht ebenso züchtig sind wie die Schwüre jungfräulicher Vestalinnen am Altar.

The Amorous Gallant's Tongue

Sanft wie

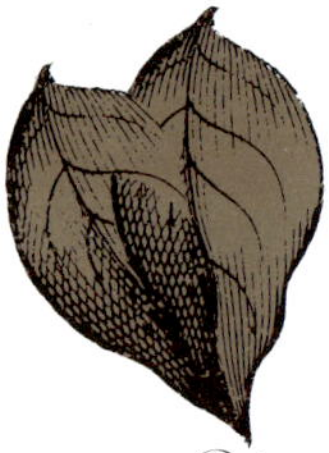

ein Blatt

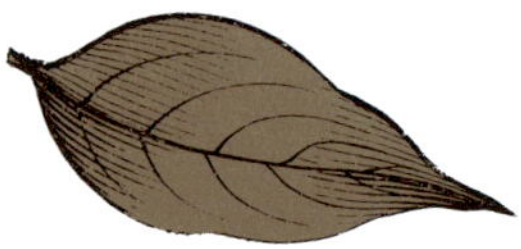

fiel mein

Herz in

deinen Brief

Liebe mit Hindernissen

Der Kuß in Deinen Augen, der Kuß, den Du mir nicht geben darfst, verfolgt mich. Deine Familie lehnt mich ab, Deine Freunde mögen mich nicht. Sie werden mich niemals akzeptieren, aber eines Tages werden sie meine Ausdauer und meine Treue bewundern. Sie werden merken, daß ich Dich nicht aufgeben werde, egal, wie sehr sie unser Zusammensein auch erschweren mögen. Irgendwann werden sie verstehen, daß diese Art von Liebe an sich schon verdient, gewürdigt zu werden.

Wenn ich im Bett liege, kurz vor dem Einschlafen, oder wenn ich mit meinen Gedanken allein bin, sehe ich plötzlich Dein Gesicht vor mir. Dann weiß ich, daß Du die Einzige für mich bist, allem, was zwischen uns steht, zum Trotz.

Daß ich um Dich kämpfen muß, macht meine Liebe zu Dir nur noch stärker. Schreibe mir! Dann kann ich mir vorstellen, Deine Stimme zu hören, auch wenn ich Dich nicht in meinen Armen halten kann.

Liebesglück

Vielen Dank für Deinen Brief. Er hält mich am Leben. Als ich ihn heute morgen öffnete, war ich so hingerissen, daß ich nicht mehr wußte, was ich tun sollte – also fing ich an zu weinen! Sanft wie ein Laubblatt fiel mein Herz in Deinen Brief.

Du hast mich an einen Ort geführt, den ich selbst nie entdeckt hätte. Ich kann noch gar nicht fassen, daß ich Dich gefunden habe. Du gibst mir das Gefühl, daß die Welt nur für mich gemacht ist und ich mit ihr machen kann, was ich will. Und weil ich machen kann, was ich will, mache ich den ganzen Tag nichts anderes, als an dich zu denken.

Du bist wie Blumenduft, der Sommerwind und die Sonne in einem.

Ohne Dich wäre jeder Tag ein Montag. Ohne dich wäre das ganze Jahr November. Ohne Dich hätte alles einen bitteren Beigeschmack. Ohne Dich hätte nichts mehr seinen Sinn. Laß mich niemals allein, mein Geliebter.

Ich bin einer der glücklichsten Menschen auf Gottes weiter Erde, denn ich bin nicht nur glücklich, sondern es ist mir auch bewußt, welches Glück ich habe!

Du bist ein Luxus, auf den ich nie verzichten werde.

Der Rosenkavalier

Eine Lobeshymne

Während ich dies schreibe, duften meine Hände immer noch nach den Rosenblättern, die ich dem Brief beigelegt habe. Letzte Nacht sah ich den spanischen Film *Matador*. In einer schmerzlich schönen Szene liegt das Liebespaar auf Rosenblättern. Er nimmt eine Rose in den Mund und küßt dann ihren ganzen Körper. Diese Szene ist die schönste sichtbare, fühlbare und duftende Vereinigung von Romantik und Erotik, die ich je gesehen habe.

Der Dichter e. e. cummings hat die richtigen Worte gefunden, um auszudrücken, was ich für Dich fühle. Eines Tages werde ich Dir dieses Gedicht vorlesen.

an einem unbekannten ort, jenseits
aller erfahrung, schweigen deine augen:
in deinen kleinsten gesten liegt etwas, das mich
umschließt,
ich kann es nicht fassen, so nah ist es

ein kurzer blick von dir kann mich befreien,
obwohl ich mich wie eine faust schloß,
du öffnest mich, blütenblatt für blütenblatt,
wie Frühling (mit geübter Hand) die erste Rose
öffnet.

wenn du es willst, werd' ich
mich plötzlich und in anmut schließen,
wie eine blume, deren herz erfühlt,
daß um sie her der schnee in sanften flocken fällt.

es gibt sonst nichts auf dieser welt, das
deiner zartheit gleicht in seiner kraft: nur sie
bezwingt mich mit den farben ihrer länder,
in jedem atemzug vereint sie ewigkeit und tod.

(ich weiß nicht, was es ist, mit dem du öffnest
und verschließt; doch etwas ist in mir, das weiß,
daß deiner augen stimme tiefer ist als alle rosen).
niemand, nicht einmal der regen, hat so kleine hände

Erinnerst Du Dich an letzte Nacht? Erinnerst Du Dich an mich? Vergiß alles andere!

Nostalgische Liebe

Eine Gedächtnisstütze

Mein Gott, letzte Woche schwammen wir förmlich im Glück!

Es gibt ein altmodisches Wort für das, was mit mir passiert – ich *schmachte dahin*, wenn ich an Dich denke – ich *verschmachte* in süßen Freuden und Erinnerungen an die Stunden und Minuten, die wir miteinander verbracht haben. Dieses Gefühl ist so intensiv, daß ich es förmlich schmecken kann.

Wo bist Du gerade? Was machst Du? An was denkst Du? Erinnerst du Dich an die gleichen Dinge, an die ich mich erinnere, und willst Du diese Erinnerungen mit mir zusammen ausleben? Wenn ich von Dir getrennt bin, spüre ich nur, wie nah ich Dir bin.

Könnten wir nicht noch einmal in dem Wald spazierengehen, in dem ich zum ersten Mal »Ich liebe Dich« zu Dir sagte? Natürlich können wir. Ich würde den Weg mit verbundenen Augen und auf dem Rücken gefesselten Händen finden. Ich kann und werde alle Orte wiederfinden, an denen ich mit Dir war. Ich liebe diese Orte, und andere auch, sogar das scheußliche Café am Bahnhof, oder den Supermarkt, in dem wir uns einmal getroffen haben. All diese Orte stehen unter einem Liebesbann. Ich liebe sie, weil sie mich an Dich erinnern.

Ich kann nicht für eine Minute aufhören, an Dich zu denken. Liebe ich Dich so viel mehr als Du mich, oder geht es Dir genauso?

Du steckst in allem, was ich tue, und in allem, was ich träume, wie Wein immer nach den Trauben

Inspirierende Liebe

Es ist gar nicht so leicht zu beschreiben, was Du mit mir gemacht hast. Aber ich versuche es trotzdem.

Soll ich Dich anrufen? Nein, ich schreibe lieber.

Es kommt mir so vor, als hätte man mich an dem Tag, an dem ich Dich traf, aus einem fensterlosen Verlies befreit und auf den Gipfel eines blumenübersäten Berges gebracht. Mir stockt der Atem, ich bin überwältigt, ich kann meilenweit sehen. Bis letzte Woche waren meine Gefühle wie festzementiert; jetzt bin ich leicht wie eine Feder, beschwipst von süßen Düften und in Samt gewickelt.

Wenn Du bei mir bist, habe ich viel mehr zu sagen. Ich denke über viel interessantere Dinge nach. Und dann sehe ich, wie Du in meiner Gegenwart aufzublühen scheinst. Hast Du auch dieses komische Gefühl im Bauch? Jeder von uns scheint die guten Eigenschaften des anderen in sich aufzunehmen. Du bist wie ein Prisma, das mein Leben in einen Regenbogen verwandelt.

Bevor ich Dich traf, war ich ganz zufrieden. Ich hatte meinen Job, meine Freunde, meine Familie ... Ich brauchte nicht viel. Aber dann bist Du aufgetaucht, und alles war anders ... Jetzt brauche ich nur noch Dich. Ich wünschte, ich hätte das nebenstehende Gedicht geschrieben: Es erinnert mich an uns. Ich muß Dich doch anrufen. Jetzt sehne ich mich noch mehr nach Dir.

Ich denke an dich.
Deine Seele fließt in den Morgen hinein
wie eine weiße Flamme.
Die Sonne setzt dein Haar in Brand.
Deine Adern pumpen wilde Farben
auf die Palette deiner Kreativität.

Ich sehe, wie Du Wunder in mein
Leben bringst. Jeder Schritt tauft mich
mit Deinem Verständnis.
Glitzernde Samen fallen aus Deinen Händen
in die Briefe, die Du mir schreibst.
Mein durstiger Blick trinkt deine Worte,
bis junge Sterne in ihm keimen.
Du bist der Engel vor der Pforte
meines Wissens.

Stephanie June Sorréll

O Emma, ich gieße meine Seele vor Dir aus. *Lord Nelson an Lady Hamilton*

schmeckt, aus denen er gemacht ist. Frei nach einem Gedicht von Elizabeth Barrett Browning

»Ich bin gefangen im Labyrinth der Liebe.« Mögliche Antwort: Ein Fadenknäuel, in einen Stadtplan eingewickelt, auf dem der Weg zum Haus des Liebsten markiert ist.

Liebestraum

Sobald ich die Augen schließe, träume ich von Dir. Überlange Spielfilme laufen dann vor meinem geistigen Auge ab – mit Dir in der Hauptrolle. Ich kann mich stundenlang so beschäftigen – in süßem Müßiggang, mit dem Kopf in den Wolken.

Heute abend war ich in einem Konzert. Die Musik brachte meine Gefühle derart zum Toben, daß ich den Saal verlassen mußte und in eine Bar ging. Keine gute Idee: Außer mir waren nur Pärchen da. Und ich war ganz allein, ein einsamer Adam vor der Erschaffung Evas. Nur waren die Umstände alles andere als paradiesisch. Dein Gesicht verfolgte mich. Du spuktest in der ganzen Bar herum.

Als ich zu Hause war, blieb ich lange Zeit im Dunklen sitzen und sehnte mich nach Dir. Wenn Du nicht bei mir bist, scheint mein ganzer Kopf nur noch aus Hohlräumen zu bestehen. Unangenehm! Da gehe ich doch lieber ins Bett, dann kann ich wenigstens von Dir träumen.

Und um ganz sicher zu gehen, daß das auch klappt, werde ich Deinen Brief vorher noch einmal küssen, ganz fest an Dich denken und dann schnell einschlafen. Und während ich Dich in meiner Phantasie im Arm halte, komme ich Dir mit jedem Atemzug ein bißchen näher. Ich sehe Dein Gesicht über einem romantisch gedeckten Tisch, laufe um Mitternacht Hand in Hand mit Dir eine Straße in Barcelona entlang, spüre Deine nasse Haut an einem einsamen Strand in der Karibik ... In meinem Traum sind wir das Pärchen, das alle anderen beneiden.

Warum sind wir bloß so selten zusammen und so oft voneinander getrennt?

Ich geh' dir nach
auch durch die letzte Türe,
ich folge dir auch aus dem letzten Traum.

Rainer Maria Rilke

Liebesrausch

Ich bin verliebt. Ich bin verliebt. Die Liebe umschließt mich wie Zorros Mantel – ich bin unverwundbar, Deine Liebe beschützt mich.

Die Welt gehört mir. Im Seifenschaum schillert ein Regenbogen. Die Butter leuchtet wie eine Kerze. Der Computer summt ein paar Takte Mahler. Der Bus zuckt erotisch. An meiner Haltestelle falle ich heraus, wie berauscht.

Nichts ist mehr so, wie es war.

Ich habe Deine geschriebenen Küsse in der Brieftasche. Leider quellen sie immer im falschen Moment heraus – bei Konferenzen, im Fahrstuhl, im Supermarkt – und meine Hände tragen sie an meine Lippen. Ich küsse und küsse sie. Ist schon jemals ein Liebesbrief zu Staub geküßt worden?

Überall steht Dein Name. Diese Blume da heißt so wie Du, weil sie so schön ist. Dieser Stuhl heißt so wie Du, weil ich mich so wohl darin fühle. Meine Augen sehen nur Dich. Meine Lippen sind nur dafür gemacht, Deinen Namen zu sagen und Dich zu küssen.

Alles, was Du tust, erschreckt, quält und erregt mich; alles was Du tust, ist perfekt.

Ich liebe Dich grenzenlos. Ich bin mit Ketten aus Küssen und Zärtlichkeit an Dich gefesselt. Bis wir uns wiedersehen, lasse ich meiner Phantasie freien Lauf – und strahle übers ganze Gesicht, wenn ich an Dich denke.

KURZFASSUNG

Bitte entschuldige die Störung, aber ich habe gestern nacht meinen Pulli, einen meiner Socken, ein paar Haare, mein Herz und meinen Verstand bei Dir vergessen.

Wenn das so weitergeht, bin ich bald ganz nackt ...

Liebesdurst

Liebe, schöne Mrs. Scurlock, ich bin in guter Gesellschaft gewesen, in der man auf den Charakter der Frau, die ich am meisten liebe, so oft angestoßen hat, daß ich um ihretwegen sterbenstrunken bin, was mehr ist, als für sie zu sterben.

Richard Steele an seine Frau Mary

Das ist jetzt schon die vierte Kneipe, in der ich heute abend sitze. Irgendwie ist die Welt einfach nicht groß genug für mich. Vielleicht sollte ich wieder in See stechen. Bei dem Sturm draußen schaff' ich es sonst nicht mehr, bis zum Morgengrauen alle einschlägigen Lokale anzulaufen.

Ich kann eigentlich gar nichts dafür, daß ich hier bin. Als wir an der Bushaltestelle standen, fing es an zu regnen, und meine Freunde zerrten mich in diese Kneipe. Ein verflucht dunkles und kaltes Loch. Nur Desperados und Penner hier. Aber der Wein ist gut gegen die Kälte.

Du müßtest mich mal sehen, ich bin gar nicht mehr ich selbst. Ich bin jetzt viel angenehmer, gutmütiger und witziger als im nüchternen Zustand. So würde ich Dir bestimmt gefallen.

Der Wein zischt durch mein Herz. Ich fürchte fast, Amor hat seinen Pfeil aus Versehen in meine Leber geschossen. Ich muß den Barmann nach Eis fragen, um meine fiebrigen Gedanken zu kühlen. Ach Eis! Rein und kalt, und es schmilzt. Du hoffentlich auch irgendwann. Jetzt hat er mir statt dessen Oliven gebracht. Was ist das hier für ein ekelhafter Schuppen? Grauenvolle Welt. Ich will raus, in den Himmel – oder lieber in Deine Arme. Warum gibt's Dich eigentlich nicht in Flaschen? Das wäre das einzig Wahre, um diesem unglaublichen Durst beizukommen. Ich mache die Augen zu, trinke Dich Schlückchen für Schlückchen und lasse Dich meine Kehle herunterrinnen.

Das ist mein ständiges Gebet, egal, ob ich nüchtern oder betrunken bin.

Mach's gut. Ich werde Dir bestimmt morgen wieder schreiben, um mich für diesen ganzen Unsinn zu entschuldigen.

Gute Nacht, Geliebte. Ich wünschte, ich läge in einer Ecke Deines Herdes, um Dir die Suppe zu wärmen.

Heinrich IV. von Frankreich an Corisande d'Andoins, Gräfin von Gramont

Liebeshunger

Einladung zum Schlemmen

Ich möchte Deinen Einkaufswagen bis zum Rand füllen. Ich möchte in Deiner Obstabteilung nach der reifsten Erdbeere suchen. Ich möchte in Dein Gefrierfach greifen und Dein Speiseeis in meinen heißen Händen zum Schmelzen bringen. Ich möchte lange und genüßlich in Deiner Süßwarenabteilung herumstöbern. Ich möchte in Deiner Feinkostabteilung aus dem vollen schöpfen. Ich möchte Deine Sonderangebote nutzen.
Und wenn wir nach Hause kommen, möchte ich Dich sofort auspacken.

Weitere Kurzfassung

Ich könnte etwas zu beißen vertragen. Ich hätte Lust auf einen Brief von Dir, zum Knabbern. Ich hätte Lust auf einen Schokomilchshake. Ich hätte Lust auf Dich. Ich hätte Lust auf ein Stück Zitronentorte und eine saftige Hammelkeule mit Rosmarin und Knoblauch. Ich hätte Lust auf Dich. Ich hätte Lust auf ein Häppchen Liebe. Eigentlich habe ich richtigen Heißhunger.

Kurzfassung

Du
leckeres
Stückchen
eßbarer
Sinnlichkeit …
Ich könnte
Dich
auffressen!

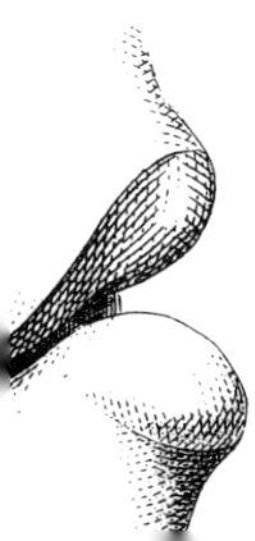

Ich umarme Dich, ich küsse Dich, ich bin ganz wild. Wenn Du hier wärest, würde ich Dich beissen: Ja, das würde ich gern … Ja, in mir wächst der Appetit wilder Bestien, der Instinkt einer fleischfressenden Liebe …

Gustave Flaubert an Louise Colet

Liebesfrust

KURZFASSUNG

Ich wünschte, Du wärst hier und nicht dort. Wenn Du hier wärst, würde mir schon etwas Besseres einfallen, als Liebesbriefe zu schreiben.

Wie eine Narbe liegt Dein letzter Kuß noch immer auf meinem Gesicht.

Ich will, daß unsere Münder verschmelzen. Ich möchte Deinen Herzschlag neben meinem spüren. Ich möchte Dich an mich drücken, bis Du fast erstickst, und dann ganz zärtlich zu Dir sein. Ich möchte Dich ansehen, Deine Knie berühren. Dein Duft klebt an meinem Kopfkissen. Ich habe Deine Haarspange in meinem Bett gefunden – jetzt ist sie mein Fetisch, mein dauerhaftes Andenken an Dein weiches, verstrubbeltes Haar.

Ich kann nicht genug von Dir bekommen. Laß uns diese unglaubliche Nacht noch einmal erleben, diese Leidenschaft ohne Wenn und Aber, die unendlichen Zärtlichkeiten. Nimm mich in die Arme, und laß mich mein Fleisch auf Deines pressen. Weck mich alle Stunde, weil Du mehr willst.

Liebe auf Papier ist nichts wert. Die echte Liebe steckt tief in meinen Knochen und Nerven und quält mich wie ein Krümel in einem leeren Bett.

Schreib mir nackt, und laß den Brief Deinen ganzen Körper berühren, bevor Du ihn abschickst. Ich werde mit Begeisterung alles tun, was Du von mir verlangst.

Du wirkst auf mich wie ein Aphrodisiakum. Gibt es irgendein Gegenmittel?

NOCH EINE KURZFASSUNG

Für jemanden von besonders noblem Charakter mag es ausreichen, den anderen einfach zu lieben, ohne ihn zu sehen, zu schmecken, zu küssen und im Arm zu halten. Aber so nobel bin ich nun einmal nicht!

Ich muß Dich berühren –
außen, innen, überall …

Liebe im verborgenen

Aufforderung zur Indiskretion

Meine Gefühle für Dich zu verbergen war schon immer die Hölle für mich. Aber gestern abend war das Maß endgültig voll. Jetzt werde ich auch noch Deinetwegen aufgezogen. Ein paar Anspielungen sind ja ohnehin schon gemacht worden. Gestern haben mich dann zwei oder drei ekelhafte Menschen den ganzen Abend beobachtet, so daß ich Dir keinen einzigen verstohlenen Blick zuwerfen konnte. Zu allem Überfluß mußte ich noch stundenlang mit X flirten, um den allgemeinen Verdacht von uns abzulenken.

Egal, wie brenzlig unsere Situation auch wird, ich werde niemals auf Dich verzichten. Selbst wenn Du dreimal verheiratet wärst und siebzehn Kinder und sechs Hauskatzen hättest, hätte ich immer noch das Gefühl, daß Du zu mir – und nur zu mir – gehörst.

Leidest Du genauso wie ich? Ich möchte Dich am ganzen Körper küssen und von Dir geküßt werden. Komm schnell, schnell! Mein Herz zerbricht.

Sommer-nachts-liebe

• SOMMERNACHTSTRAUM •
PRODUCTIONS

FAX

Datum: Uhrzeit:

An: Oberon Telefon:
Fax:

Von: Titania Telefon:
Fax:

Betrifft: Sommernacht

Anzahl Seiten einschließlich Deckblatt: 1

Nachricht:
Wir sehen uns heute nacht am gleichen Platz.
Laß Puck zu Hause. Der stört nur.

KURZFASSUNG

Ich will nicht nur mit Dir schlafen. Da verstehst Du mich ganz falsch. Ich will mit Dir wach sein, Deine Küsse erwidern und Deine Hände berühren, wenn sie mich streicheln.

Befriedigte Liebe

Liebling, ich habe Deinen Brief bekommen. Er ist süß wie Honig auf meiner Zunge. Ich habe ein Gedicht von Rabindranath Tagore entdeckt, das meine Gefühle für Dich ziemlich gut ausdrückt. Ich weiß, daß Du die Untertöne dieses Gedichts verstehen wirst.

Dein safranfarbner Schleier macht meine Augen trunken.
Der Jasminkranz, den Du für mich flochtest, durchbebt mein Herz wie Lob.
Es ist ein Spiel von Geben und Versagen, von Entschleiern und Wieder-Verbergen; etwas Lächeln und ein ganz wenig Schüchternheit,
und manche süßen, zwecklosen Streite.
Diese Liebe zwischen Dir und mir ist schlicht wie ein Lied.

Kein Geheimnis über das Heute hinaus, kein Ringen um das Unmögliche; kein Schatten hinter der Anmut; kein Tasten in die Tiefen des Dunkels.
Diese Liebe zwischen Dir und mir ist schlicht wie ein Lied.

Wir schweifen nicht aus allen Worten in das ewige Schweigen;
wir heben nicht unsre Hände in die Leere nach Dingen jenseits der Hoffnung.
Uns ist genug, was wir geben und was wir bekommen.
Wir haben die Freude nicht bis aufs Letzte ausgepreßt,
um aus ihr den Wein der Leiden zu keltern.
Diese Liebe zwischen Dir und mir ist schlicht wie ein Lied.
(aus dem Englischen von Hans Effenberger)

Dein Brief bringt mich zum Schnurren wie eine Katze, die gestreichelt wird.

Rustikale Liebe

Aufforderung zu ländlichem Vergnügen

Komm, wir fahren aufs Land und segnen die Felder. Ich möchte unter freiem Himmel in Deinen heißen, gebräunten Armen liegen. Ich möchte im Heu wühlen und Grashalme aus Deinem Haar zupfen.

Seit das Sommerwetter noch einmal zurückgekehrt ist, hege ich den leisen Wunsch, mit Dir einen Tag auf dem Land umherzustreunen – bevor der Sommer endgültig vorübergeht. Ich liebe das Land und möchte gerne manche Bilder in mein Gedächtnis pflanzen, wie Marksteine des Gefühls – bin ich sehr seltsam?

Mary Wollstonecraft an Gilbert Imlay

Großstädtische Liebe

Eine Postkartensequenz

Ich laufe gegen einen Strom von Menschen an und versuche, Dein Gesicht aus der entgegenkommenden Masse herauszufiltern. Aber Du bist nicht da.

Weißt Du, was ich am meisten liebe? Spaziergänge mit Dir. Du kannst es einfach nicht lassen, mir Deine Hand auf den Rücken, den Arm, die Hüfte zu legen – kleine Berührungen unter Verliebten, die mehr sagen als Worte.

Ständig Gedanken an Dich, aber nie der richtige Zeitpunkt, um sie aufzuschreiben. Ich werde sie sammeln und gebündelt nachreichen.

In Anlehnung an einen Brief von Vita Sackville-West

Kulturbeflissene Liebe

Versuchung auf Reisen

Erinnerst Du Dich an unsere Reisen – wie wir unter Bahnhofsuhren durchrannten und wie wir uns im Morgengrauen aus kleinen, verträumten Hotels schlichen?

Hand in Hand, Seele an Seele, wir hatten nur Augen für unsere Liebe. Und wenn wir am Ziel unserer Reisen angekommen waren, wenn wir Kathedralen, Museen und Galerien besichtigten, sahen wir alles durch die rosarote Brille unserer Gefühle, und in unseren Herzen schillerte ein Regenbogen. Gemeinsam schlenderten wir über Piazzas und tranken Café latte, unseren ganz privaten Sonnenschein immer im Handgepäck.

Wie oft hörten wir den Zug flüstern »Ich liebe dich, ich liebe dich, ich liebe dich«, während wir fuhren. Wie viele Meisterwerke gefielen mir, weil Du sie mochtest und weil Du mir erklären konntest, was in ihnen steckt? Wie viele Treppen habe ich bezwungen, wie viele unendlich hohe Campanile habe ich erklommen, weil Du vor mir hergingst?

Nicht genug, mein Liebling. Mit einem exotischen Kuß aus weiter Ferne ...

(In Anlehnung an einen Brief von Juliette Drouet)

Ich LIEBE dich

Für mich, innig Geliebte, gibt es dreiundzwanzig heilige Städte: Neuchâtel, Genf, Wien, St. Petersburg, Dresden, Cannstadt, Karlsruhe, Straßburg, Passy, Fontainebleau, Orléans, Bourges, Tours, Blois, Paris, Rotterdam, Den Haag, Antwerpen, Brüssel, Baden-Baden, Lyon, Toulon und Neapel … Wenn mir einer dieser Namen in den Sinn kommt, ist es, als würde Chopin einen Akkord auf dem Klavier anschlagen: Wohlklänge durchziehen meine Seele, und Gedichte formen sich vor meinen Augen.

Neuchâtel ist wie eine weiße Lilie, rein, erfüllt von durchdringenden Gerüchen; Jugend, Frische, Erregung, Hoffnung, Glück im Überfluß. Genf hat die Leidenschaft von Träumen; jene Träume, in denen ein ganzes Leben an einem vorbeizieht … Wien ist Trauer inmitten der Freude … Und St. Petersburg? Was für eine Verbindung: Zwei Monate ohne Mißtöne, wenn man den Streit über den Hut nicht mitrechnet und den über den Luxus, einen Koch einzustellen … Doch Lyon! O, Lyon ließ meine Liebe im Lichte von Charme, Sanftmut, perfekter Zärtlichkeit und liebender Zuneigung erstrahlen. Lyon wurde für mich zu einem dieser symbolhaften Worte im Leben des Mannes, die, sobald man sie ausspricht, dem heiligen Wort gleichen, das den Weg zum Himmel eröffnet! … Mögen uns tausend Umarmungen immer an unsere dreiundzwanzig Städte erinnern.

Honoré de Balzac an Gräfin Evelina Hanska

Gartenliebe

Du erinnerst mich an einen geheimen Garten … Deine strahlenden Blüten öffnen sich in meinem Herzen, Dein berauschender Duft verwirrt mich, Deine geheimnisvollen Pfade locken unwiderstehlich. Ferner Vogelsang ruft mich dazu auf, Deine hohen Mauern zu erklimmen.

Es tut mir in der Seele weh, solche Schönheit verwildern zu sehen … Man hat mir gesagt, daß bei Dir noch eine Stelle als Gärtner frei ist. Zufällig habe ich den grünen Daumen.

ich LIEBE dich, ich LIEBE dich.

Trennungsschmerz

Kurzfassungen

Letzte Nacht war das Bett furchtbar leer und groß. Ich griff unter dem Kopfkissen nach Deinem Brief, als wäre er Deine Hand.

•

Auch wenn Du nicht bei mir bist, bist Du bei mir. Immer wenn jemand im Fernsehen, in einem Lied oder in einem Buch »Ich liebe dich« sagt, zucke ich zusammen, als ob Du zu mir gesprochen hättest.

•

Ich bastle gerade ein riesiges »Herzlich willkommen«-Transparent für Dich. Wenn Du noch länger wegbleibst, fallen mir noch peinlichere Aktionen ein!

•

Dein Gesicht verfolgt mich.
Ohne Dich bin ich so einsam
wie ein einzelner Ohrring,
ein verwitweter Schwan, wie die Zahl 1

•

Anbei ein grünes Blatt. Ich bin wieder da, bevor es sich verfärbt. Mein Kopf ist so voll von Dir, dass unsere räumliche Trennung eigentlich nur ein technisches Problem ist.

•

Du bist weg. Du hast es fertiggebracht, mich für ganze drei Tage zu verlassen!
Das überlebe ich nicht. Es ist erst eine Stunde vergangen,
und ich kann es schon nicht mehr ertragen!
Ich werde nicht zulassen, daß wir jemals
wieder auch nur für eine Nacht getrennt sind.

(nach einem Brief von Madame D'Epinay)

Trennungsschmerz

(Langfassung)

Seit Du weg bist, ist Tiefschlaf ein Fremdwort für mich. Sobald ich die Augen schließe, bin ich bei Dir, streichle Deine Brust, küsse Deine Augenlider, spüre, wie sie unter meinen Lippen erbeben. Manchmal träume ich, daß Du in großer Gefahr schwebst und nur ich Dich beschützen kann. Dann wache ich auf, drehe mich trostsuchend zu Dir um und greife ins Leere. Meine Stimme gräbt sich in Dein Kissen und flüstert Dir Zärtlichkeiten zu, egal, wo Du bist.

Ich sehe, wie die Sterne aufgehen, und weiß, daß Du die gleichen Sterne siehst. Ich höre mir täglich den Wetterbericht für die Region an, in der Du gerade bist. Ich stelle mir vor, daß Du den grünen Regenmantel anziehst und den Seidenschal umlegst. Niemand macht das so sorgfältig wie Du. Ich sehe Dich im Zug sitzen. Du wühlst in Deiner Aktentasche und suchst nach meinem letzten Brief. Dann hältst Du ihn die ganze Fahrt über in der Hand. Du siehst aus dem Fenster und denkst an mich.

Alle sind sehr nett zu mir, weil sie wissen, daß ich einsam bin. Aber das ändert nichts an meiner Sehnsucht nach Dir. Ich bin nicht komplett ohne Dich.

Ich habe Deine Eltern besucht. Ich wollte bei Menschen sein, die Dich fast genauso sehr lieben wie ich und denen es nichts ausmacht, ununterbrochen von Dir zu sprechen. Dadurch hatte ich das Gefühl, Dir näher zu sein.

Wahrscheinlich denkst Du jetzt, ich werde sentimental, aber letzte Nacht habe ich unsere Urlaubsfotos angeguckt und mich an diese wunderschöne Woche erinnert. Wenn wir zusammen sind, neigen wir dazu, unsere Beziehung als selbstverständlich zu betrachten. Kleine Trennungen wie diese sind nötig, um uns an ihren unvergleichlichen Wert zu erinnern.

Liebling, gerade habe ich Deinen Brief bekommen. Jetzt kann ich wieder atmen. Der Schmerz ist wie weggeblasen. Du schreibst, Du liebst mich. So schön hast du es noch nie ausgedrückt. Geh niemals weiter weg von mir als einen Atemzug und einen Gedanken.

»In Liebe, Deine Livy« – für mich die schönsten Worte, die jemals Papier erstrahlen ließen und ihm einen Glorienschein verliehen. Wie diese Worte sich an mich zu schmiegen scheinen! – wie Arme, die mich umschließen, wie ein geliebtes Haupt an meiner Schulter, wie Engelsgesang in meinem Herzen!

Mark Twain (Samuel Clemens) an Olivia Langdon

Ich fahre nach Amerika und Du nach Italien. Einer von uns beiden geht den falschen Weg, denn jede Richtung, die uns weiter voneinander entfernt, ist falsch.

Thomas Jefferson an Maria Cosway

Realistische Liebe

Seit vier Tagen kein Wort von Dir. Aber erwarte bitte nicht, daß ich mich erhänge, nur weil Du mit meinem Herzen Spielchen treibst. Es wäre auch idiotisch von mir, aus dieser Welt zu scheiden, solange es Dich gibt.

Du bist ja nicht dumm. Ein lebendiger Liebhaber ist Dir mit Sicherheit viel lieber als eine trübsinnige Erinnerung, die mit der Zeit verblaßt.

Liebe sollte nicht melodramatisch sein. Sie ist reines Vergnügen. Oder sollte es sein, und bis jetzt war sie das auch. Wir dürfen aber nicht in kindlichen Übermut, Träume, Spielchen und Wahn verfallen.

Mein Herz ist voller Liebe. Ich brauche meine Gefühle nicht aufzumöbeln oder herunterzuspielen oder eine Show abzuziehen. Wenn ich Dir schreibe, möchte ich der Mann sein, den Du kennst und den Du angeblich liebst: Ich schreibe Dir, wie ich mit Dir spreche, ohne Tricks und doppelten Boden.

... Also, auch wenn Du es vielleicht gerne hören möchtest, Du bist für mich weder wie eine samtene Rose noch wie ein verwunschener See, noch wie ein klarer Sonnenaufgang, noch wie die funkelnden Sterne am Himmel. Ich muß für Dich keine blumigen Vergleiche suchen. Du faszinierst mich so wie Du bist. Ich kann nur schreiben, was ich weiß, und deshalb schreibe ich, daß ich Dich liebe. Und wenn ich das sage, dann meine ich das auch, und zwar für immer.

Sag mir doch bitte in ebenso einfachen Worten, ob Du mich auch liebst. Verschanze Dich nicht hinter den großen Phrasen anderer. Ich will Dein eigenes Herz mit Deiner eigenen Stimme sprechen hören.

Und merke Dir: Wenn Du achtlos mit meiner Liebe umgehst, könnte es passieren, daß sie plötzlich nicht mehr da ist, wenn Du sie suchst.

Im Liebestaumel

Ein schriftlicher Kuß

Erinnerst Du Dich an all die Küsse letzte Nacht? Ich habe ein Gedicht von Nina Cassian beigelegt, das hervorragend beschreibt, was Deine Küsse in mir bewirken. Spürst Du dieses Knistern in jeder Zelle des Körpers? Das muß Liebe sein.

Ach, gestern Nacht – das Feuer im Kamin warf bizarre Schatten an die Wand, die Vorhänge bewegten sich leise im Luftzug, das Mondlicht fiel auf Dein Gesicht, und wir hielten uns ganz fest bei den Händen.

Ich habe auf einmal das Gefühl, daß mich nichts wirklich berührt, nur Du. Ich brauche Dich, nichts sonst, niemanden sonst. Du vereinigst alles in Dir, was schön und wertvoll ist auf dieser Welt.

Ich denke an Dich, bete Dich an, vertraue Dir, nur Dir. Ich fühle mich wie ein seltenes Musikinstrument, auf dem niemand außer Dir spielen kann. Du entlockst mir die schönsten Töne. Ich bin berauscht.

Unsere Küsse, Hunderte, Tausende –
sogar Millionen – wer weiß?
Ich hab' sie nie gezählt:
Früchte, Tiere, Nelken, Flüsse – meine Messer!
An deinem Mund könnte ich schlafen
und träumen,
singen und sterben, wieder und wieder;
Dein Mund – ein sicherer Hafen
für eine ruhige Nacht nach langer, weiter Fahrt,
den man erreicht
und sich doch immer nach ihm sehnt ...

Sie sind wie Schlachten – unsere Küsse –
langsam und schwer, und
schmerzhaft dort,
wo Blut, Stimme und Erinnerung
sich ins Getümmel stürzen.
Ich bin eifersüchtig auf das Wasser,
das du trinkst,
die Worte, die du sprichst –
auf deine Seufzer ...
Grausam und gemein ist
diese Trennung unserer Lippen!

Meine Träume legte ich Dir zu Füßen: Tritt sanft auf, du trittst auf meine Träume.

William Butler Yeats

Wie ungleich ist doch das, was wir einander geben könnten: Ich gebe mich Dir ganz und gar, und für immer.

Edgar Allan Poe an Sarah Helen Whitman

Verängstigte Liebe

Eigentlich schade, daß Du nur so selten Lust dazu hast, mich gut zu behandeln. In diesen raren Momenten bist Du der reizendste Mensch der Welt.

Aber Du bist immer nur dann nett zu mir, wenn ich unglücklich bin. Das ist doch ein Teufelskreis: Soll ich mich die ganze Zeit schlecht fühlen, nur damit Du lieb zu mir bist? Mit Dir darf ich nicht glücklich sein, und ohne Dich kann ich es nicht. In regelmäßigen Abständen versuche ich Dich einfach zu vergessen. Zwecklos. Ich liebe Dich eben.

Du hast ja keine Ahnung, wie sehr ich mich vor Dir fürchte. Ich fürchte Dich mehr als Zahnschmerzen, Straßenräuber, Kakerlaken, Gewitter, Bankrott. Du wandelst Dich in einer Geschwindigkeit, die ihresgleichen sucht. Einmal möchtest Du mich ganz in Deiner Nähe, und keine Minute später möchtest Du mich am liebsten zum Mond schießen.

Aber glaube mir, selbst wenn Du Dich einmal in der Woche in einen Drachen verwandeln würdest, ich würde mich bestimmt in Deine Schuppen und Klauen und Feuerküsse verlieben. Bitte hab etwas Geduld, und ich gewöhne mich an Deine Wandelbarkeit.

Bis dahin bleibt mir nichts anderes übrig, als die Augen zu schließen und mich wie ein Blinder Deiner Führung anzuvertrauen.

Leicht entflammbar

Eine Feuersbrunst

Du steckst mein Herz in Brand. Ich liebe Dich. Ich hasse Dich. Wenn wir im gleichen Zimmer sind, zerspringt mein Herz in tausend Stücke. Der Raum um mich wird immer enger, die Luft wird stickig, und um uns herum sprühen Funken. Deine Küsse explodieren wie Handgranaten, und die Küsse, die Du mir vorenthältst, sind Bombenkrater.

Du mußt entschuldigen, daß ich mich in Deiner Gegenwart nicht wie ein normaler Mensch benehmen kann. Ich brenne lichterloh. Mein Gott, was wir beide schon für Feuerwerke entfacht haben! Mit unser beider Glut könnte man in frostigen Nächten ganze Städte beheizen und taghell beleuchten.

Ich hoffe, Du warst vorsichtig beim Öffnen des Briefes – ich habe ihn mit mehreren tausend Küssen geladen, die in Kürze um Dich herum detonieren müßten. Riechst Du schon den Pulverdampf?

Kurz vor dem
Schmelzpunkt,
Dein ...

Nur Deine liebe Hand zu spüren, so voll von süßer, stolzer Sinnlichkeit, ... so zart und sanft von Liebe, macht mich genauso glücklich wie Deine honigsüßen und feurigen Zärtlichkeiten.

Honoré de Balzac an Gräfin Evelina Hanska

Nichts als Liebe

Im Radio läuft gerade ein ziemlich kitschiges Liebeslied. Und ich liege hier, denke an Dich und höre dem Rauschen des Meeres zu.

Ach, bevor Du weiterliest: Könntest Du Dir vielleicht die grüne Seidenbluse/alte Jeans/blaue Strickjacke anziehen? Wenn ich weiß, daß Du sie trägst, fühle ich mich Dir ganz nah.

Hier gibt es nichts Neues. Ich habe – wie schon die letzten fünfmal – keinen besonderen Grund, Dir zu schreiben. Wahrscheinlich schreibe ich nur, damit Du genauso oft an mich denken mußt wie ich an Dich und damit Du weißt, daß ich Dich jetzt, Montagnacht um Viertel vor zwölf, liebe, und daß ich Dich gerade um genau elf und drei viertel Stunden mehr liebe als heute morgen. Ich liebe das leichte Ziehen in meiner Brust nach einer Nacht mit Dir, und das verstohlene Blinzeln beim Aufwachen, bevor ich Dich sehe. Du hast mein Herz in Ketten gelegt, und ich habe nicht die geringste Lust, daran zu rütteln.

Heute habe ich dieses Gedicht entdeckt. Es paßt so gut zu uns, daß ich es Dir schicken muß.

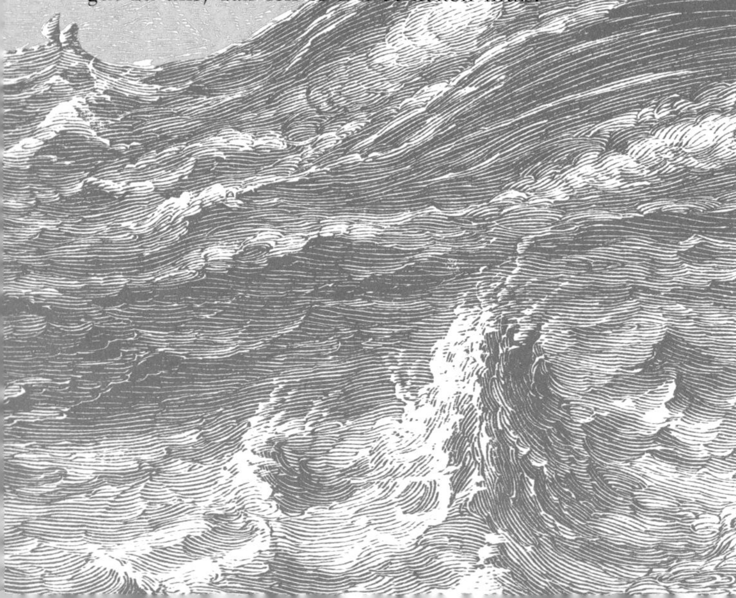

Die Unschuld schlafenden Fleisches

Neben Dir schlafend träumte ich davon,
neben Dir aufzuwachen;
als ich neben Dir aufwachte,
glaubte ich zu träumen.

Hast Du jemals am Meer geschlafen?
Genau, so ist es.

In ihr liegt die Bewegung
von Land und Meeren.
Sie ist
die Unschuld schlafenden Fleisches,
so verwundbar,
daß sie keines Schutzes bedarf.

In solchen Momenten
öffnet sich das Herz,
nimmt alles auf, was ist,
und nichts ist mehr als sie.

Ich kann nicht sagen, wo sie ist.
Doch wissend –
denn dort ist Liebe,
die alle Dämonen vertreibt –
sie ist sicher,
kann ich mich umdreh'n
und ruhig schlafen.

Neben ihr erwachend träume ich.
Träume ich von solchem Erwachen,
sind alle liebenden Sinne wach.

Brian Patten

Endlose Liebe

Ich will Dich auf jede Weise lieben, auf die ein Mensch geliebt werden kann: anständig, unanständig, himmlisch und höllisch, wild und sanft.
Ich liebe es, wie Du mich fester hältst, wenn ich sage, daß ich gehen muß.
Ich liebe es, zu spüren, wie Dein Herz galoppiert, wenn ich Dich umarme.
Ich liebe das Gefühl, daß etwas zerreißt, wenn wir uns trennen.
Ich liebe *Dich*, wie die Wellen den Strand und Weihnachtsplätzchen Zimt und Anis lieben. Ich liebe *Dich* wie Gott die Einfältigen, die Nachtigall den Mond, eine Traube die Weinpresse und eine Sonnenblume die Sonne liebt.

Wenn ich jetzt nicht aufhöre, wird dieser Brief endlos. Denn mit jedem Wort, das ich schreibe, liebe ich Dich ein bißchen mehr. Und dann muß ich wieder mehr schreiben ... Schreib Du mir lieber. Was Du willst. Nur eine Zeile. Aber sag, daß Du mich liebst. Diese drei Worte reichen mir völlig: Für mich bedeuten sie die Welt.

(In Anlehnung an Briefe von George Bernard Shaw und Mark Twain)

Liebe erkennt, was in den entlegensten Sternen steht ...

Oscar Wilde an Lord Alfred Douglas

ICH MEISSLE DIR

Du überraschst mich immer wieder. Dein letzter Kuß ist immer
wieder der süßeste, Dein letztes Wort das klügste,
Dein letztes Lächeln das strahlendste.

Ich habe Dich beobachtet, während Du schliefst. Ich konnte kaum fassen, daß solche Schönheit in meinem Bett lag, ruhig und sicher, und zu Hause. Ich deckte Dich zu und wartete geduldig, bis Du aufwachtest, damit ich Dich küssen konnte.

Liebe voller Überraschungen

Gestern sah ich Dich eine Straße entlanggehen. Mir war, als sähe ich Dich zum ersten Mal. Wie von einer Springflut wurde ich von Liebe und Glück überrollt. Gerade habe ich Deinen Liebesbrief zu Deinem Foto hinter den Kommodenspiegel gesteckt. So sehe ich die schönsten Dinge in diesem Raum auf einen Blick.

Auf dem Foto trägst Du ein weißes Kleid. Du strahlst Unschuld und Vertrauen aus. Du scheinst zu schmunzeln, ganz so, als wüßtest Du, daß ich Dich gerade ansehe, mit Dir spreche und Dir sage, wie sehr ich Dich liebe.

Ich liebe Dich.
Ich liebe Dich. Ich liebe Dich.
(In Anlehnung an einen Brief von John Keats)

DEN SOCKEL DEINER WAHL

Vertraute Liebe

Als wir uns kennenlernten, mußte ich mich erst daran gewöhnen, den Kaffee mit fünf Stückchen Zucker zu trinken, damit wir eine Tasse teilen konnten. Du warst wie bittere Marmelade, scharfer Balsamessig, durchdringende Gewürze, feuriger Cognac. Deine pikanten Küsse verbrannten meine Lippen. Jetzt, Geliebte, schmeckst Du wie frischer Toast mit Honig – süß, weich, gewohnt – und ganz und gar lecker.

Trostspendende Liebe

Innig Geliebte,
ich verstehe Deinen Schmerz. Ich kann ihn in mir fühlen. Du brauchst nicht die Starke zu spielen, nur um mich glücklich zu machen. Deine Sorgen sind auch meine Sorgen. Was Dir wehtut, macht auch mich traurig.

Ich möchte Dir so gerne helfen. Vielleicht fällt mir eine Lösung ein. Und wenn nicht, könnte ich Dir wenigstens zuhören.

Deine Liebe macht mich stark. Ich hoffe, daß meine Liebe Dir den gleichen Dienst erweisen kann, damit Du Dich sicherer, stärker – einfach besser fühlst. Denk daran: Ich habe grenzenloses Vertrauen zu Dir. Vergiß nie, wie stolz ich darauf bin, daß Du mir gehörst.

Wenn ich Dein trauriges Gesicht vor mir sehe, tut mir alles weh. Ich möchte Dich in die Arme nehmen und Deinen Kummer einfach wegküssen.

Bis dahin, schließe diesen Brief in Dein Herz. Vielleicht hilft er ja ein bißchen dabei, Deinen Schmerz zu lindern. Du weißt doch: Solange wir uns lieben, kann die Welt gar nicht ganz grau sein.

Auf dem Abstellgleis

Eine Bitte um mehr Aufmerksamkeit

Wohin bist Du verschwunden?

Wohin fliegen Schmetterlinge, wenn es schneit?

Es tut mir wirklich leid, Deine kostbare Zeit in Anspruch zu nehmen, aber ein Brief scheint die einzige Möglichkeit zu sein, um Deine Aufmerksamkeit für einen Moment auf mich zu lenken. Offensichtlich kannst du es kaum ertragen, Dich auch nur für eine Minute von Deinem neuen Auto/Computer/Job loszureißen.

Du bist alles für mich. Aber Deine uneingeschränkte Hingabe an ... kann ich nicht teilen. Ich bin ein lebendiges Wesen, und es fällt mir ausgesprochen schwer, zu begreifen, warum ich mit einem leblosen Objekt um Deine Gunst kämpfen muß. Was mache ich falsch? Ich verfolge Dich wie ein Schatten. Ich liebe Dich mehr als mich selbst. Eigentlich kann in Deinem Leben gar nicht mehr viel Platz für Autos/Computer/Bücher/Jobs sein ...

Laß uns streiten. Was ist so toll an Deinem ...? Wieso beansprucht ... Deine ganze Aufmerksamkeit? Während ich hier einsam und unbeachtet vor mich hin schmachte, legst du Deine ganze Seele in diesen Unsinn.

Wie wäre es mit einem direkten Vergleich: Was hat ..., das ich nicht habe? Mit welchem Recht gehört ihm Deine ganze Zuneigung? Sehnt es sich nach Deiner Liebe, so wie ich es tue? Kannst Du damit schlafen wie mit mir? Teilt ... Deinen Sinn für Humor oder Deine Liebe zu alten Filmen? Verbringt es die Sonntage im Bett mit Dir?

Bringt es Dir Blumen, macht es Dir Kaffee? Schreibt es Dir Liebesbriefe?

Na los, vergleiche uns. Sieht ... besser aus als ich? Wenn ja, wer von uns ist intelligenter und witziger? In wessen Gesellschaft fühlst Du Dich auf Dauer wohler? Na? Eben!

Ich nehme die Herausforderung zum Kampf um Deine Aufmerksamkeit an. Ich will Dich wiederhaben. Weg mit ... – zumindest in der Zeit, die Du mit mir verbringen könntest!

Auch wenn ich diesen Brief mit einem Augenzwinkern schreibe, solltest Du wissen, daß ich wirklich gekränkt bin. Denk darüber nach, bevor es zu spät ist.

Unter gewissen Vorbehalten immer noch Dein/e ...

Allumfassende Liebe

Du meine Harley Davidson, mein goldener Drehbleistift, mein italienisches Eis, mein drahtloses Telefon, mein Armani-Schal, mein Diamantcollier, meine Premierenkarte für die Met, meine sonnengereifte toskanische Tomate, mein Glas Sauternes mit einer großen Scheibe Gänseleberpastete, mein Schokoladentrüffel, meine Tiefschneeabfahrt, mein extratrockener Martini, Du schönste aller Orchideen, außergewöhnliche Morgengabe, meine Leuchtreklame, mein erster Gedanke am Morgen, mein letzter Seufzer am Abend, mein romantisches Schäferstündchen, meine Duellpistole, meine erste Schneeflocke, mein letzter Atemzug, mein heldenhafter Kampf für die gerechte Sache, mein vierblättriges Kleeblatt, Du zartes Aprikosenstückchen in meinem Champagner, mein reifer Pfirsich, mein frischgepreßter Orangensaft, mein Tautropfen, meine geheime Droge, mein Fluß ohne Wiederkehr, mein chinesischer Glückskeks, meine langstielige Rose, mein Dutzend Austern, meine Opernarie, mein Kuschelkissen, Du mein Lieblingslied, meine Überraschungsparty, Du Knopf an meinem Lieblingshemd, Du zuckerbestreute Erdbeere, mein Stern in der Wüstennacht, Du schneebedeckter Berggipfel ... ohne Dich hat die Welt wirklich nicht besonders viel zu bieten!

Verjüngende Liebe

Ich bin 56 Jahre alt. Du bist 23. Ich weiß, das klingt nach einem unüberwindlichen Altersunterschied. Aber vielleicht sind es nur Zahlen, die uns trennen.

Natürlich kann ich nicht erwarten, daß jemand meines Alters irgendeinen Reiz für Dich hat. Das wäre ja fast ein Wunder. Ich hoffe nur, daß Du unseren Altersunterschied ein bißchen bedauerst, und daß Du Dir manchmal wünschst, ich wäre dreißig Jahre jünger. Aber was spricht dagegen, sich trotzdem näher kennenzulernen?

Mein Gefühl für Dich ist so jugendlich und frisch, daß es Dich vielleicht meine grauen Haare vergessen läßt. Meine Liebe zu Dir hat mich schon jetzt um Jahre verjüngt. Du wärst überrascht, was für ein jugendlicher Liebhaber sich hinter meiner bejahrten Fassade verbirgt.

Außerdem hat eine gewisse Reife nicht nur Nachteile: Meine Liebe ist viel ehrlicher und dauerhafter als die junger Männer. Was ist Dir lieber? Das Bruchstück eines jungen, flatterhaften Herzens oder mein – zugegeben etwas weniger frisches – ganz und gar? In meinem Alter liebt man selbstloser. Ich bin sogar schon soweit, jeden zu lieben, der Dich liebt: all die Grünschnäbel, die sich um Deine Gunst bemühen.

Und eines kann ich Dir versprechen: Niemand wird Dich höher schätzen als ich.

Esoterische Liebe

Du wirkst auf mich wie die heilende Hand eines Schamanen. Seit ich Dich traf, ist mein Leben zu einer einzigen großen Sonnwendfeier geworden.

Meine Psychodramen enden glücklich, und wenn ich meine Mitte suche, finde ich Dich. Mein Gefühl für Dich kommt total tief aus dem Bauch. Du bringst meinen Leib und meine Seele dazu, Urschreie auszustoßen. Du bringst meinen Biorhythmus in Wallung. Der Klang Deiner Stimme entkrampft mich mehr als alle Meditation. Meine Trommel-dich-frei-Therapie ist überflüssig geworden. Statt dessen muß ich jetzt auf eine Entziehungskur für Glückssüchtige. Ich möchte Dir eine ganzheitliche Massage verpassen und mit Dir auf dem Gebiet des Körpergefühls experimentieren. Können wir einfach mal darüber reden?

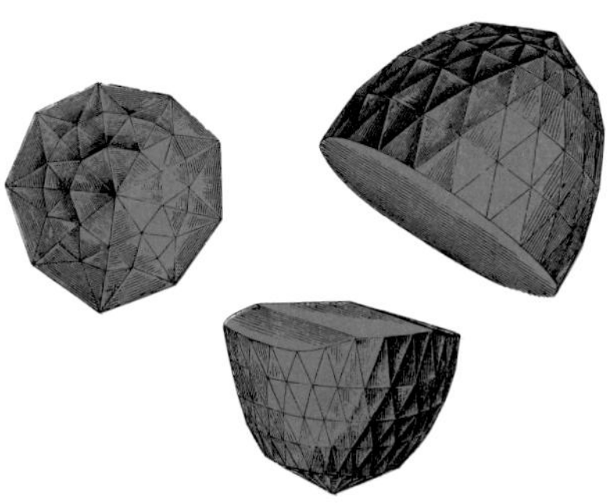

Hochzeitsglocken

Im Scherz haben wir ja schon öfter davon gesprochen zu heiraten. Jetzt wird's ernst! Wir sind in den letzten Monaten viel reifer geworden, und ich möchte das, was wir uns erarbeitet haben, nicht fahrlässig aufs Spiel setzen. Ich fürchte, daß die Geborgenheit in unserer Beziehung Dich früher oder später langweilen könnte und irgend jemand Dich wegschnappt, wenn nicht bald etwas Aufregendes passiert. Das wäre auch nicht weiter verwunderlich, toll wie Du bist. Um dem vorzubeugen, möchte ich Dich bitten, mich zu heiraten.

Ich habe das Gefühl, daß wir etwas so Einzigartiges, Romantisches und Leidenschaftliches wie unsere Liebe traditionell besiegeln sollten. Sonst wäre unsere Beziehung wie ein langes, sehr erfreuliches Vorstellungsgespräch, nach dem man doch nicht eingestellt wird. Das wollen wir doch beide nicht, oder? Seit wir uns trafen, habe ich jeden einzelnen Tag als Investition in unser gemeinsames Glück betrachtet. Laß es uns langfristig anlegen!

Wir kennen uns jetzt seit zwei Jahren. Zwei sehr glücklichen Jahren. In dieser ganzen Zeit ist mein Gefühl für Dich immer stärker geworden, die kribbelnde Verliebtheit der ersten Monate hat sich in stetig wachsende Liebe und Respekt verwandelt.

Zur Terminplanung: Mein Jahresurlaub fällt in diesem Jahr auf den Dezember, wir hätten also genug Zeit zur Vorbereitung ... und könnten kurz vor Weihnachten heiraten. Dann ist es zwar kalt draußen, aber wer will schon vor die Tür gehen? Ich kann Dir zeigen, wie schön und gemütlich wir uns unser Heim einrichten könnten. Außerdem sind im Winter die Nächte so herrlich lang und dunkel. Wir hätten also gleich sehr viel Gelegenheit dazu, das Eheleben einzustudieren.

Was die Feier und die Flitterwochen betrifft: Dein Wunsch ist mir Befehl.

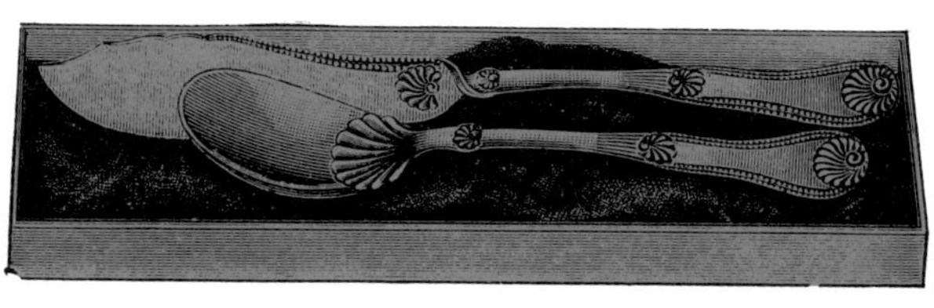

Du süßes Stückchen
Keuschheit, wie solltest
Du ahnen, wie sehr ich

Dich liebe,
wenn selbst ich es nicht

weiß; mir scheint es
unendlich;
hiermit erkläre ich Dich
zur Herrin meiner

Gedanken und meiner
Einkünfte,
und lege all meine

irdischen Güter in Deine
Hände. Mit einem Kuß
empfange ich Dich im
Hafen der Ehe.

The Amorous Gallant's Tongue

Ehevertrag

Geliebte,
ich möchte Dich bitten, Dein Leben in meine Hände zu legen. Um Dich dabei nicht zu übervorteilen, berechne ich gerade, was ich Dir als Gegenleistung anbieten kann. Hier eine Liste der Besitztümer, die Dir gehören, wenn Du mein wirst.

1.) Eine Ausgabe von John Donnes Liebesgedichten, ziemlich schäbig und abgenutzt, aber alle handeln von Dir.
2.) Ein Stapel alter Simon & Garfunkel-Platten.
3.) Ein Päckchen Liebesbriefe von einer ungeheuer faszinierenden Dame, die mich überraschenderweise zu lieben scheint.
4.) Ein unerschöpflicher Vorrat an Küssen aller Art – sanft, leidenschaftlich, glühend, zärtlich usw. usw.
5.) Äußerste Pünktlichkeit und absolute Treue.
6.) Uneingeschränkte Kontrolle über meinen Fernseher.
7.) Mein Herz.

Erscheint Dir dieses Angebot akzeptabel?

Liebe nach längerer Einsamkeit

Ein Neuanfang.

Ich war so lange Zeit allein, daß ich dachte, mein Leben sei recht ausgefüllt. Ich hatte ja die Kinder, meine Freunde, meinen Beruf ... Aber seit ich Dich kenne, ist etwas tief Verschüttetes in mir zu neuem Leben erwacht, etwas, von dem ich nicht wußte, daß es noch da ist.

Durch Dich habe ich unerwartet eine längst vergessene Art der Lebensfreude zurückgewonnen, und alles, was wir zusammen erleben, steigert sie noch.

Inzwischen ist mir klargeworden, wie sehr auch meine Kinder von einem Menschen wie Dir profitieren könnten, von einem reifen Freund, der sich um sie sorgt, ihnen seine Zuneigung, Zustimmung und Mißbilligung zeigt. Meine Kinder sind wunderbar. Sie wären genau wie ich sofort bereit, Dich aufzunehmen – in ihre Herzen und in ihr Leben.

Mach Dir keine Gedanken über ... (ehemaliger Partner). Ich müßte lügen, wenn ich behaupten wollte, daß ich sie/ihn nicht manchmal noch vermisse. Natürlich hat sie/er eine Lücke in meinem Leben hinterlassen. Diese Lücke sollst Du auch nicht füllen. Du hast Dir längst Deine ganz private – und ungeheuer geräumige – Nische in meinem Herzen geschaffen, und ich möchte, daß Du sie für immer behältst.

Ein Liebesmärchen

Es war einmal eine sehr selbständige, manchmal etwas zynische Frau. Sie hatte Ihre Erfahrungen mit der Liebe gemacht, einschließlich einer ziemlich traurigen. Sie war es leid, ständig Herzschmerzen zu erleiden. Sie beschloß also, die Liebe ein für allemal aufzugeben.

Sie widmete sich voll und ganz ihrer Arbeit, ihren Freunden und ihrer Familie und lebte glücklich und zufrieden. Doch irgend etwas – sie wußte selbst nicht genau, was – fehlte ihrem Leben.

Eines Tages begegnete ihr ein außergewöhnlicher Mann. Er fuhr gerne Ski und mochte die Malerei der Renaissance. Genau wie sie. Er liebte Spaziergänge im Wald und sonntägliche Schaufensterbummel. Genau wie sie. Er liebte Brahms und Chopin, aber auch Clapton und Dylan. Genau wie sie. Sie verlebten fröhliche Tage und rauschende Nächte. Beide fühlten sich wie im Himmel.

Nach einiger Zeit als Paar – inoffiziell, versteht sich – nahm die Frau ihr Leben gründlich unter die Lupe und stellte fest, daß da noch reichlich Platz für einen anderen Menschen war. So beschloß sie, den Mann zu fragen, ob er mit ihr zusammenleben wolle. Sie schrieb ihm einen Brief in Form einer kleinen Geschichte. Eigentlich war es eher ein Märchen, denn so erschien ihr ihr Leben, seit sie ihn kannte.

Diese Geschichte wird im Zuge einer Gemeinschaftsarbeit veröffentlicht. Der letzte Teil, seine Antwort, steht noch aus. Bitte reiche Deinen Vorschlag so schnell wie möglich bei mir ein. Wir müssen Termine einhalten.

… Geliebte, laß mir zuliebe ein paar Jahre vergehen; wir sind verheiratet, ich lege meine Arme um Dich, unsere Gesichter berühren sich und ich frage Dich, »Warst Du in jenem düsteren Frühjahr 1846 nicht die Freude hinter allen Freuden für mich? Warst Du nicht ein Leben, das sich zu meinem fügte und es völlig veränderte? Warst Du nicht das Gut, das ich unter allen Gaben Gottes auserwählte, für das ich lebte …?«

Robert Browning an Elizabeth Barrett

Ein Jawort

Ich habe noch nie etwas Schöneres gesehen als Deinen Brief. Wenn ich nicht ohnehin schon bis über beide Ohren in Dich verliebt wäre, hätte mich spätestens dieser Brief dazu gebracht.

Nun zu Deinem Vorschlag: Ich würde bestimmt darüber nachdenken, aber wozu? Du scheinst ja sowieso wild entschlossen zu sein.

Du machst mich sehr glücklich. Hier und da versuche ich, mir über die ungeheure Bedeutung dieses Schrittes klarzuwerden, aber leider ohne Erfolg. Ich kann vor lauter Herzklopfen meinen Verstand kaum noch hören. Also was soll's? Ich nehme Deine Liebe dankend an, und gebe Dir meine dafür.

Ich habe keine Bedenken für unsere Zukunft, solange Du bei mir bist. Um die Spannung nicht auf die Spitze zu treiben: Ja, natürlich möchte ich Dich heiraten, und ich werde Dich lieben, bis daß der Tod uns scheidet. Hoffentlich kommst Du bald nach Hause. Ich kann es schon gar nicht mehr erwarten, mit Dir unser gemeinsames Leben zu planen.

Ich liebe dich

Ich liebe dich, so wie du mich,
Am Abend und am Morgen,
Noch war kein Tag, wo du und ich
Nicht teilten unsere Sorgen.

Auch waren sie für dich und mich
Geteilt leicht zu ertragen;
Du tröstetest im Kummer mich,
Ich weint in deine Klagen.

Drum Gottes Segen über dir,
Du, meines Lebens Freude.
Gott schütze dich, erhalt dich mir,
Schütz und erhalt uns beide.

Karl Friedrich Herrosée

Frisch verheiratet

Mein/e geliebte/r Frau/Mann,
wie schön es ist, dieses Wort zu benutzen – mein/e Frau/Mann – was für einen Unterschied ein einziges Wort ausmachen kann!

Hattest Du allen Ernstes gedacht, daß ich Dir keine Liebesbriefe mehr schreiben würde, nur weil wir jetzt den gleichen Nachnamen haben? Jetzt sind wir schon eine Woche verheiratet, und ich denke jede Minute an Dich.

Ich finde es schön, daß ich Deine Gewohnheiten so genau kenne. Ich weiß immer ganz genau, was du gerade tust. Bis vor gar nicht allzu langer Zeit dachte ich, es gäbe nichts Spannenderes für mich als meine Arbeit und meine Reisen. Aber inzwischen ist mir klar, daß das, was wir uns zusammen aufbauen – eine Ehe, eine Liebe, eine Familie – viel aufregender ist. Auf einmal ist »Zuhause«, nicht nur der sicherste, sondern auch der anregendste Ort der Welt.

Seit ich mit Dir verheiratet bin, habe ich das Gefühl, etwas ganz Besonderes zu sein. Ich fühle mich so sicher bei Dir. Es gibt nicht die Spur eines Zweifels, keine Angst, keine Opfer.

Wir haben uns gefunden und uns einander versprochen, laß uns daran festhalten und gemeinsam ein tolles Leben führen!

Fruchtbare Liebe

Gibt es eine perfektere Art, um eine große Liebe zu krönen? Noch nie habe ich etwas so Schönes und Bewegendes gesehen wie Dich mit unserem neugeborenen Kind im Arm – erschöpft, siegreich, stolz.

Dieses Baby besiegelt unser Glück – es ist die Verkörperung unserer Liebe – ein lebendiges Symbol für all das, was wir einander bedeuten. Laß uns bei aller elterlichen Sorge niemals aufhören, ein Liebespaar zu sein. Ein besseres Beispiel können wir unserem Kind gar nicht geben.

Ich sehe Dich als meine junge Ehefrau, dann als junge Mutter, doch Du bleibst dieselbe, immer meine Adèle, ebenso sanft, ebenso anbetungswürdig in der Reinheit des Ehelebens wie in den jungfräulichen Tagen Deiner ersten Liebe ...

Victor Hugo an Adèle Foucher

Ich weiß, daß Deine Liebe etwas ist, das Bestand hat, auch wenn alles, was verschwinden kann, verschwunden ist ...

Nathaniel Hawthorne an Sophia Peabody, seine zukünftige Ehefrau

Liebesjubiläum

Seit ... Jahren lebe ich wie im Paradies mit Dir.

Heute abend werden wir unsere gemeinsame Zeit im großen Stil und in aller Öffentlichkeit feiern. Aber vorher ist es mir wichtig, Dir ganz privat für all das Schöne zu danken, das uns miteinander verbindet. Dies scheint mir genau der richtige Anlaß zu sein, um Dir endlich – nach viel zu langer Zeit – einmal wieder einen Liebesbrief zu schreiben.

In all den Jahren mit Dir hat sich aus einem zarten und unschuldigen Gefühl eine tiefe und reife Liebe entwickelt. Du bist meine Lebensgrundlage, meine Sicherheit, meine Zuversicht. Was haben wir nicht alles zusammen erlebt?

Wir haben es geschafft, unser beider Karriere gemeinsam aufzubauen, wir haben unsere Kinder gemeinsam großgezogen, wir haben uns gemeinsam verändert und dabei niemals im Alltagstrott unsere Liebe aus den Augen verloren. Du bist unvergleichlich. Niemand kann Deinen Platz in meinem Herzen einnehmen. Bis heute vergewissere ich mich jeden Morgen, daß Du neben mir liegst, und ich bin jedesmal dankbar dafür. Ich liebe es, daß Du immer noch alles stehen und liegen läßt, wenn ich heimkomme, nur um mir einen Begrüßungskuß zu geben, und daß Du immer noch nach meiner Hand greifst, wenn im Kino die Lichter ausgehen.

Heute abend werden wir allen zeigen, daß wir nach wie vor zusammengehören. Die Zeit konnte unserer Liebe nichts anhaben, unsere Gefühle füreinander haben sich nicht abgekühlt – bei mir ist sogar das Gegenteil der Fall.

Manchmal wünsche ich mir, wir könnten immer wieder heiraten. Denn eigentlich verdient unsere Liebe, jedes Jahr aufs neue mit diesem unvergleichlichen Gefühl der Feierlichkeit und der totalen Hingabe gewürdigt zu werden. Leider geht das nicht. Ich kann mein Leben nur an jedem einzelnen Tag in Deine Hände legen.

Wie jedes Jahr zu unserem Hochzeitstag habe ich Dir Veilchen gepflückt. Nur über meine Leiche wirst Du einen Hochzeitstag erleben, an dem Du keine Veilchen bekommst.

Alles Liebe zum Hochzeitstag, mein Schatz.

Schluß-Sätze und Kodas

Liebevolle Beschwerde

Ein Vorwurf

Die ganze Zeit über versuche ich, Dir zu gefallen, für Dich da zu sein und Dich zu lieben. Mit welchem Erfolg? Du hast so gut wie nie Zeit für mich, und wenn doch, dann zankst Du mit mir und trampelst auf meinen Gefühlen herum.

Wahrscheinlich sagst Du jetzt: »Na ganz so schlimm ist es ja nun auch wieder nicht.« Doch! Ich empfinde es genau so. Ich fange langsam an, zu glauben, daß Du mich niemals wirklich geliebt hast. Wahrscheinlich paßte ich Dir nur gerade gut ins Konzept. Oder bist Du in Sachen Liebe einfach viel zu abgebrüht? Wenn ich daran denke, wie geschickt Du mich verführt hast. Wie Du mir geschworen hast, die ganze Nacht auf meiner Türschwelle liegenzubleiben. Wie Du eine Rose nach der anderen durch meinen Briefschlitz geworfen hast. Wie Du sagtest, in Deinen Augen sei ich wie ein Engel. Dann hattest Du mich endlich soweit, und fast im gleichen Augenblick verlorst Du das Interesse an mir. Bitte sag, daß ich mich irre!

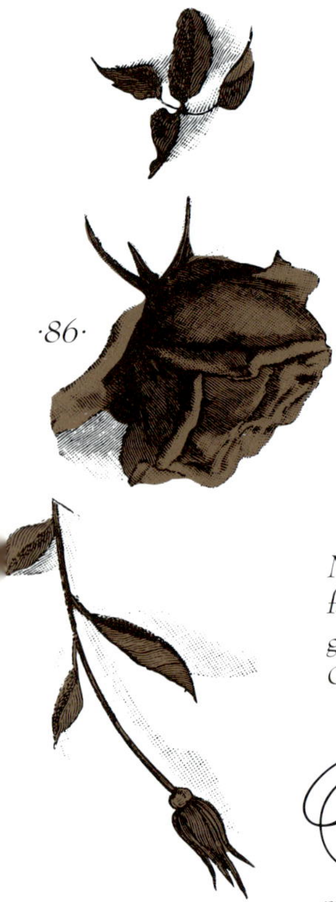

Ich habe noch nie einen Menschen so verachtet und gleichzeitig so begehrt. Du machst mich wahnsinnig. Ich weiß genau, daß tief in Dir immer noch die süße und aufmerksame Person steckt, die ich liebe, die mich liebt, und die niemandem – und am wenigsten mir – etwas zuleide tun möchte.

♥

Noch immer so munter, noch immer so boshaft. So geschickt das Gute von der falschen Seite zu zeigen, so unbarmhertzig einen Leidenden auszulachen, einen Klagenden zu verspotten, alle diese liebenswürdigen Grausamkeiten enthält Ihr Brief …
Goethe an Käthchen Schönkopf

♥

Und wieder greif' ich zum Stift, um Dir mitzuteilen, … daß ich Dich immer noch liebe, daß ich Dich manchmal hasse, daß ich vorgestern furchtbare Dinge über Dich sagte, daß ich Deine wunderschönen Hände küsse, daß ich sie, mehr erhoffend, wieder küsse, daß ich am Ende meiner Kraft bin, daß Du göttlich bist, etc.
Alexander Puschkin an Anna Petrovna Kern

Eifersucht …

Du bist wahrscheinlich überrascht, daß ich Dir schreibe, statt wie üblich anzurufen oder einfach vorbeizukommen, wenn ich Dir etwas zu sagen habe. Ich glaube, daß ich Dich im Moment nicht sehen möchte, und offensichtlich möchtest Du mich auch nicht um Dich haben.

Ich war immer offen zu Dir, und jetzt bitte ich Dich darum, es auch zu mir zu sein. Wir machen alle Fehler, und die wenigsten sind unverzeihlich.

Als Du mir sagtest, daß Du unbedingt geschäftlich nach Berlin mußt, schrillten in meinem Kopf alle Alarmglocken, denn wie es der Zufall will, wohnt ja Dein ach so guter Freund X dort. Ich bekam panische Angst. Manchmal wünschte ich mir wirklich, Du wärst häßlich, dick und langweilig. Dann müßte ich mich nicht immer davor fürchten, daß alle anderen Männer Dich ebenso unwiderstehlich finden wie ich. Ich weiß ja aus eigener Erfahrung, was Du mit Deinem Lächeln anstellen kannst. Was ist das für eine Anmaßung, zu glauben, daß ich der einzige bin, dem Du es schenkst?

Bei aller Liebe: Vollkommen blind bin ich doch nicht. Ich habe aus sicherer Quelle erfahren, daß zwischen Dir und X irgend etwas war. Ich möchte Dir so gerne vertrauen, aber nach allem, was letzte Woche passiert ist, kann ich meine Zweifel nicht länger ignorieren.

Es ist geradezu schamlos, wie dieser X mit Dir flirtet. Wie kommt der eigentlich dazu, Dich so anzusehen? Und was das Schlimmste ist: Du scheinst das auch noch in vollen Zügen zu genießen, statt ihm den Kopf zu waschen.

Ist da irgend etwas, das ich wissen sollte? Hast du mir vielleicht etwas zu sagen und traust Dich nicht? Du weißt doch, daß ich Dir alles verzeihen würde. Du brauchst also wirklich keine Angst davor zu haben, mich zu verlieren.

Und selbst wenn zwischen X und Dir nichts ist, wenn es einfach Deine Art ist, so mit anderen Männern umzugehen, dann habe ich ein ernsthaftes Problem: Ich kann einfach nicht mit Deiner Flirtleidenschaft umgehen. Du bist wie eine Rose im Wind – ganz ohne böse Absicht verstreust Du Deinen Duft und Deine Schönheit in alle Richtungen, und jeder darf sie genießen. Ich dagegen möchte, daß Du nur für mich blühst.

Bitte antworte mir auf diesen Brief. Bitte sag, daß ich Gespenster sehe!

Während ich dies schreibe, platzt mein Herz vor lauter Liebe zu Dir aus allen Nähten. Ich könnte es einfach nicht ertragen, wenn Du, der Mittelpunkt meines Lebens, mich hintergehst. Ich fühle mich entsetzlich – wenn ich mir vorstelle, wie du Dich so verheiratet an X lehnst, sterbe ich den Tod der tausend Qualen. Ich will nicht, daß dieser X wie ein Schatten zwischen uns steht.

… und ihre Zerstreuung

Sag, Göttliche, sollen all meine Bestrebungen, Dir zu dienen, keinen anderen Lohn ernten, als ein Stirnrunzeln? Mein morsches Boot hält nicht mehr vielen Stürmen stand. Es wird an den Klippen dunkler Verzweiflung zerschellen und im unendlichen Ozean Deiner Verachtung versinken, wenn die wärmenden Strahlen Deiner Gunst nicht bald die Wolken über Deinem grimmigen Antlitz vertreiben.

The Amourous Gallant's Tongue

Ich hatte ja keine Ahnung, was in Dir vorgeht. Ich würde Dich doch niemals mutwillig verletzen.

Liebling – meine einzige Liebe – *Du siehst Gespenster.* Du tust mir unrecht. Du bist der einzige Mann, der mich interessiert und immer interessieren wird. Was Du da gehört hast, von wem auch immer, ist genauso unsinnig wie das, was du angeblich gesehen hast.

Hast Du nicht selbst gesagt, wir müßten versuchen, unsere Gefühle füreinander in der Öffentlichkeit ein klein wenig zu zügeln? Warst Du es nicht, der meinte, wir sollten uns abgewöhnen, ständig wie die Kletten aneinander zu hängen?

Es gibt keinen Menschen, mit dem ich lieber zusammen bin als mit Dir. Gestern abend wollte ich mich einfach mit einem guten alten Freund unterhalten. Wenn ich dabei einen besonders verklärten Gesichtsausdruck hatte, dann nur, weil ich ihm erzählte, wie glücklich ich mit Dir bin.

Wahrscheinlich liegt das Problem tiefer – meine Freunde sind Dir deshalb ein Dorn im Auge, weil Du möchtest, daß meine ganze Aufmerksamkeit Dir gehört. Aber – um Dein sehr schmeichelhaftes Bild aufzugreifen – Du kannst einer Blume nicht vorschreiben, ihren Duft nur auf ein bestimmtes Kommando und nur in eine Richtung zu verströmen. Ich bin kein Mauerblümchen und werde hoffentlich auch nie eines werden. Wenn ich mich recht erinnere, war es genau das, was Dich anfangs so sehr an mir reizte.

Auch wenn mir andere Menschen wichtig sind, gehören Mund und Arme, mein ganzer Körper und allem voran mein Herz Dir – und nur Dir.

Wenn wir uns morgen abend sehen, solltest Du Dich für Deine Verdächtigungen entschuldigen.

P. S.: Wußtest Du eigentlich, daß ich nach wie vor den Telefonhörer küsse, wenn Du dran bist?

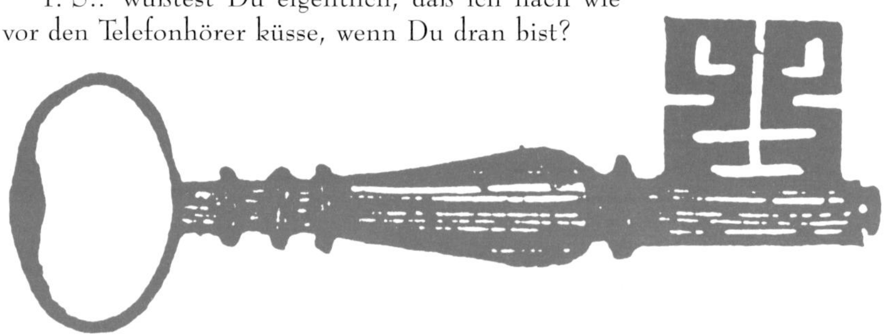

Reuige Liebe

Eine Beichte und die Bitte um Absolution

Es vergeht keine Minute, in der ich nicht an Dich denke, auch wenn es in dieser Situation – eine Situation, in die ich mich in meiner grenzenlosen Dummheit selbst hineinmanövriert habe – sehr weh tut.

Ich muß Dir so vieles erklären. Du hast ein Anrecht auf Ehrlichkeit.

Ja, ich habe Dich betrogen. Aber bitte glaube mir: Es hat mir nichts bedeutet. Es war eine ganz alberne Geschichte. Ich könnte doch niemals ernsthaft in Erwägung ziehen, meine einzigartige Liebe zu Dir für eine solche Person wegzuwerfen, eine Person, die Dir in keiner Beziehung das Wasser reichen kann.

Ich bin ein Idiot gewesen. Ich schäme mich, Dich um Verzeihung zu bitten. Wenn Du mir nicht verzeihen kannst – was ich sogar verstehen könnte –, möchte ich Dich um einen letzten Gefallen bitten. Können wir uns treffen? Ich muß Dir noch einmal in die Augen sehen, um zu begreifen, was ich verloren habe.

Dein Gesicht ist für immer in meinem Gedächtnis eingebrannt. Jedesmal, wenn ich aufblicke, werde ich es vor mir sehen; ich werde die Wärme Deines Lächelns spüren und mich in wahnsinniger Sehnsucht an Deine Lippen erinnern. Und ich werde in Dir nicht nur die Geliebte vermissen, sondern auch den besten Freund, den ich je hatte.

Oder – ich traue mich kaum, zu fragen – kannst Du mir nicht doch verzeihen?

Wir hatten vorher nie einen Grund zu streiten, und falls Du mir vergeben kannst, schwöre ich bei allem, was mir heilig ist, daß es auch nie wieder einen geben wird. Laß mich bitte versuchen, alles wieder gutzumachen. Ohne Dich bin ich nichts als Staub und Asche.

Kurzfassung

Ich weiß, daß ich Deine Liebe und Dein Vertrauen verraten habe, aber in meinem Herzen bist nur Du. Wie Oliver Wendell Holmes so treffend bemerkt:

Die Gefühle eines Menschen haben eine Vorder- und eine Hintertür, durch die man hineingelangt. Die Vordertür liegt an der Straße. Bei manchen steht sie immer offen, bei manchen ist sie angelehnt, manche verschließen oder verbarrikadieren sie ... die Vordertür führt in einen Gang, und dahinter liegt ein Vorraum, von dem aus man in die inneren Räume gelangt. Durch die Hintertür kommt man direkt in die geheimsten Zimmer.
Du kannst die Vordertür schließen und die Welt aussperren, aber Deine Familie und einige sehr vertraute Menschen können, wann immer sie wollen, durch die Hintertür hinein ... und wie auf einem Instrument auf deinen Gefühlen spielen ... Überlege dir also gut, wem du einen Schlüssel für die Hintertür gibst.

Du bist die einzige, die einen Schlüssel hat. Laß mich bitte nicht allein.

Friedensangebot

Ich dachte, wir kennen uns gut genug, um offen zueinander zu sein, um offen miteinander zu reden.

Seit unserem Streit verdorre ich innerlich. Ich fühle mich wie ein kleines Kind, das für sein schlechtes Benehmen bestraft wurde und jetzt am liebsten von genau der Person in den Arm genommen werden möchte, die es vorher bestraft hat.

Eigentlich war unser Streit nichts weiter als eine Verknüpfung widriger Umstände. Wir hatten beide keinen besonders guten Tag, und in Sachen schlechte Laune standen wir uns wohl in nichts nach. Ich gebe zu, daß ich es war, der zuerst ausgerastet ist. Ich war so eifersüchtig. Bei dem Gedanken, daß Du mich betrogen haben könntest, sind mir einfach die Sicherungen durchgebrannt. Was Dir wahrscheinlich wie ein unbegründeter Tobsuchtsanfall vorkam, war in Wirklichkeit die Eskalation meiner panischen Angst davor, Dich zu verlieren. Wenn ich geahnt hätte, daß ich Dich gerade durch diesen Ausbruch verliere, hätte ich ihn mit aller Kraft unterdrückt.

Ich liebe Dich mehr als je zuvor. Gemeinsam können wir sicher die Wunden verarzten, die wir einander geschlagen haben. Laß uns ein Abkommen treffen: Ab sofort bleibt unser Berufsstreß im Büro. Die absolut perfekte Beziehung ist meines Wissens noch nicht erfunden. Vielleicht sollten wir also einfach versuchen, an den kleinen Macken in unserer zu feilen.

... WERDE ICH DICH WIEDERSEHEN? DIE VORSTELLUNG, DASS NICHT, JAGT MIR KALTE SCHAUER ÜBER DEN RÜCKEN. DU WIRST JETZT SAGEN: »TRÖSTE DICH.« GUT. ABER WIE? MICH VERLIEBEN? UNMÖGLICH. DAFÜR MÜSSTE ICH DICH ERST EINMAL VERGESSEN. AUSWANDERN? MICH ERHÄNGEN? HEIRATEN? BEI ALL DIESEN DINGEN GIBT ES EIN GROSSES PROBLEM: ICH HABE ÜBERHAUPT KEINE LUST DAZU ...

Alexander Puschkin an Anna Petrovna Kern

Vergebung

Ende gut, alles gut

Bin ich froh, daß Du geschrieben hast (Du weißt ja, der berühmte Dickkopf)! Ich bin längst nicht mehr verletzt über das, was Du mir im Streit an den Kopf geworfen hast – ehrlich gesagt, weiß ich schon gar nicht mehr ganz genau, worum es eigentlich ging. Was mir wehtat, war unsere Trennung.

Wir haben wohl beide Fehler gemacht und ziemlich viel Unsinn geredet. Warum sollten wir deshalb gleich unsere Liebe wegwerfen?

Das einzig Schöne an einem Streit ist doch die Versöhnung. Komm vorbei, sobald Du kannst, und wir schaffen die Sache aus der Welt.

Ich liebe Dich, Du mein Ein und Alles! Ich vergehe vor Liebe, vor unendlicher, namenloser

Liebe bis zum Wahnsinn

Aufforderung zu Leidenschaft – oder Verzicht

Mir war klar, daß die Liebe mich durcheinanderbringt, aber noch nie hat sie mich derartig zur Raserei getrieben. Ich habe wirklich versucht, Dich wie versprochen in Ruhe zu lassen. Ich versuche zu respektieren, daß Du Zeit brauchst, auch wenn es mich um den Verstand bringt. Ich sage mir ständig, daß ich Dich in Frieden lassen muß, daß ich uns beide mit meiner unbändigen Leidenschaft für Dich schon genug gequält habe. Ich weiß, daß ich Dich zu sehr bedränge, aber ich kann nichts dafür: Ich liebe Dich bis zum Wahnsinn.

Als Du mich hast abblitzen lassen, habe ich versucht, mit meinem ganzen verletzten Stolz gegen diese Liebe anzukämpfen – ohne Erfolg. Diese Liebe akzeptiert kein »Nein«. Sie scheint das Wort »Nein« noch nie gehört zu haben. Diese Liebe entzieht sich völlig meiner geistigen Kontrolle. Sie gehorcht nur ihren eigenen Gesetzen. Es scheint, ich bin dazu geboren, mich Hals über Kopf in dich zu verlieben.

Mach mit mir, was Du willst. Nur bitte bezeichne mich nicht als »guten Freund«, nach allem, was zwischen uns war. Dieses dicke, träge, hausbackene Allerweltsding namens »Freundschaft« will ich nicht. Jedenfalls nicht von Dir. Das ist, als würde man draußen in der Kälte stehen und durchs Fenster eine rauschende Party beobachten, zu der man nicht eingeladen ist. Nein danke! Ich brauche Extreme. Dir bleiben zwei Möglichkeiten: Unsägliche Grausamkeit und bedingungslose Kapitulation. Obwohl es keinen Zweck hat, grausam zu sein. Es würde Dir so vielleicht gelingen, meine Hoffnungen zunichte zu machen und mich in tiefe Verzweiflung zu stürzen, aber meine Liebe wirst Du kaum zerstören können.

Es ist mir vollkommen egal, daß mein Psychoanalytiker Dich für eine Wahnvorstellung hält. Du bist meine Wahnvorstellung.

Es gibt zwei Kostbarkeiten, über die ich bei meinen Spaziergängen nachsinne: Deinen Liebreiz und meine Todesstunde. Ach könnte ich doch beides im gleichen Moment erfahren. Ich hasse die Welt. Wie sie die Flügel meiner Wünsche lähmt. Ach könnte ich von Deinen Lippen süßes Gift empfangen, um ihr zu entfliehen.

John Keats an Fanny Brawne

Alfred de Musset an George Sand

Liebe, vor unbändiger, verzweifelter ... verlorener Liebe!

In meinem Herzen sind die Worte eingraviert, die mein Schicksal bedeuten: Dich lieben, Dich sehen, oder nicht mehr sein.

Julie L'Espinasse an den Grafen de Guibert

Es wäre wirklich grausam, einem armen Wicht, der vor Liebe vergeht, zu sagen, dass er nicht sterben darf. Selbst den verwundeten Stieren in der Arena gewährt man, sich mit dem Schwert des Matadors im Rücken in eine Ecke zurückzuziehen, um dort in Frieden zu sterben.

Alfred de Musset an George Sand

Liebeskrank

Eine unheilbare Liebe

Danke für die Behutsamkeit, mit der Du mir eine Abfuhr erteilt hast. Auch so waren die Schmerzen noch unerträglich. Ich bin am Boden zerstört. Du verfolgst mich sogar im Schlaf – vom Wachzustand ganz zu schweigen. Ich fühle mich wie lebendig begraben. Ohne Dich ist mein Leben kein Leben mehr.

Seit ich Dich traf, habe ich keine ruhige Minute. Ich war vom ersten Augenblick an in Dich verliebt und mußte gleich darauf feststellen, daß Du einem anderen gehörst. Aber sei doch mal ehrlich: Hast Du nicht schon früher einmal den Partner gewechselt? Vielleicht kannst Du diesen ja irgendwann einmal gegen mich eintauschen. Immer wenn Du mit jemand anderem zusammen bist, habe ich das Gefühl, daß Du unser gemeinsames Glück damit verrätst – und mich betrügst.

Ich hatte mir geschworen, gegen meine Liebe zu Dir anzukämpfen und mein Herz vorsichtig aus der Schlinge zu ziehen. Zuerst habe ich es mit Alkohol und einem ausschweifenden Lebenswandel versucht. Umsonst. Dann bin ich Dir wie ein Schatten gefolgt, in der Hoffnung, daß Deine Ablehnung mich irgendwann kurieren würde. Es nützte nichts. Jeden Abend mußte ich feststellen, wieviel Schmerz ich mir selber zugefügt hatte.

An meinen Gefühlen für Dich wird sich wohl niemals etwas ändern. Ich bin ein hoffnungsloser Fall. Das Leben wäre sicherlich weniger tragisch, wenn ich Dir nie begegnet wäre, aber wäre es dann überhaupt noch lebenswert? Dein Name ist in mein Herz eintätowiert. Ich werde niemals aufgeben.

(In Anlehnung an Briefe von Thomas Otway und Luigi Pirandello)

*** * UNTRÖSTLICH * ***

(Im Juni 1908 wollte Edith Wharton ein Telegramm dieses Inhalts an W. Morton Fullerton schicken)

Schmerzliche Erkenntnis

Laß mich Dir ein paar Zeilen schreiben, benetzt mit meinen Tränen: ... in den Stunden meines tiefen, von Schreckgestalten bewohnten Kummers ergreift mich Abscheu vor der ganzen Welt, und ich bin ganz von Hoffnungslosigkeit erfüllt. In diesem ach so düsteren Seelenzustand hinke ich nun meinem Grab entgegen ...

Ugo Foscolo an Isabella Roncioni

In den letzten Tagen ist mir etwas bewußt geworden, daß wahrscheinlich schmerzlich für Dich ist. Aber nach allem, was zwischen uns war, muß ich Dir ehrlich sagen, was ich fühle.

Letzte Nacht habe ich Dir gesagt, daß ich Dich liebe. Ich will es nicht leugnen – Du brauchst mich auch nicht daran zu erinnern. In dem Moment, als ich es sagte, habe ich es auch so gemeint. Inzwischen habe ich viel über mein Gefühl für Dich nachgedacht und erkennen müssen, daß es keine Liebe ist. Ich finde Dich unglaublich aufregend, aber ich liebe Dich nicht.

Wir dürfen die starke körperliche Anziehungskraft, die wir aufeinander ausüben, nicht mit Liebe verwechseln. Liebe sitzt viel tiefer und läßt nicht nach, nur weil man nicht zusammen ist. Wenn wir ganz ehrlich sind, müssen wir doch zugeben, daß das Feuer zwischen uns jedes Mal bereits beim Abschiedskuß verlischt.

Es ist schön, mit Dir zu lachen. Ich fühle mich wohl in Deiner Gesellschaft. Du akzeptierst mich so, wie ich bin. Du bist ein wunderbarer Mensch und wahrscheinlich mein bester Freund. Ich begehre Dich – aber ich liebe Dich nicht.

Ich kann Dir noch nicht einmal versprechen, daß ich Dir jetzt, wo ich mir über meine Gefühle im klaren bin, eher widerstehen kann.

Ich könnte verstehen, wenn Du jetzt nichts mehr mit mir zu tun haben wolltest. Wahrscheinlich bin ich dann selber schuld und habe es nicht besser verdient. Aber sind wir nicht trotzdem ein verdammt gutes Gespann?

Liebesentzug

Uns bleibt die Erinnerung an Paris/Venedig/Athen usw.

Es war wunderbar mit Dir.

Noch vor ein paar Wochen dachte ich, daß ich Dir niemals etwas anderes würde schreiben können als feurige Liebesbriefe. Wie habe ich mich bemüht, in jedem neuen Brief noch aufregender, witziger und extravaganter zu formulieren als im vorherigen. Und jeden Morgen stürmte ich wie ein Besessener zum Briefkasten, um nachzusehen, ob Du geschrieben hattest.

Wir haben wirklich viel Schönes zusammen erlebt, und ich werde die Zeit mit Dir nie vergessen. Ja, Du vermutest richtig – es ist aus.

Ich glaube, wir haben uns etwas vorgemacht. Vielleicht war unsere Liebe nur ein Strohfeuer – zu heiß, um lange zu brennen. Mir ist klargeworden, daß unsere Beziehung nie eine echte Basis hatte. Ich werde Dich immer lieben, aber ich bin nicht mehr in Dich verliebt. Ich sollte also damit aufhören, so zu tun, als ob.

Eine Trennung ist sicherlich das Beste für uns beide. Es wäre nicht fair von mir, Dich noch länger an jemanden zu binden, der Deine Liebe nicht erwidert. Ich kann nicht mehr länger mitansehen, wie Du Dich immer wieder um mich bemühst, immer wieder versuchst, unsere Probleme zu lösen und Dir vor allem immer wieder Hoffnungen machst. Ich weiß jetzt, daß ich Deine Hoffnungen niemals wirklich erfüllen kann. Du verdienst mehr als das, was ich Dir geben kann.

Ich weiß, daß ich Dir im Moment sehr weh tue, aber glaube mir, über kurz oder lang wirst Du einsehen, daß ich uns beiden einen großen Gefallen tue. Wenn Du ernsthaft darüber nachdenkst, wirst Du unweigerlich feststellen, daß ich nicht das bin, was Du willst. Du kannst niemanden wollen, der Dich nicht will. Du kannst niemanden wollen, der Dir als Gegenleistung für Deine Liebe und Hingabe nichts anderes bieten kann als reine Freundlichkeit.

Leb wohl.

Ach, hättest Du doch …

Ich bin nichts für Dich.

Es war einmal … und ist vorbei.

Mein Gewissen läßt es nicht länger zu, daß ich Dich an mich binde.

Ich wünschte nur …

Sag niemals »Ich habe es verloren«, sondern »Ich habe es zurückgegeben«.

Epictetus

Einsam und verlassen

Dein Brief hat mich vollkommen aus der Fassung gebracht. Zuerst dachte ich, ich hätte einen schlechten Traum.

Meinst Du das wirklich ernst? Habe ich Dich die ganze Zeit so falsch eingeschätzt? War ich wirklich nichts anderes für Dich als ein nettes kurzes Intermezzo? Ein Versuchskaninchen? Das war alles? Wie bringst Du es fertig, mich in einem einzigen grauenvollen Brief durchzukauen und auszuspucken? Was war mit all Deinen anderen Briefen? Alles gelogen?

Denkst Du, ich hätte nicht gemerkt, daß Du Dich von mir entfernst? Aber was soll ich denn machen? Für mich gibt es immer noch tausend Gründe, Dich zu lieben: Deine Ausstrahlung, Deine Kreativität, Deine Nachdenklichkeit …

Wie kannst Du es wagen, einfach in mein Leben zu spazieren, zuzulassen, daß ich Dir meine Seele vor die Füße lege, und dann mit einer kurzen Notiz wieder zu verschwinden?

Ich verstehe das alles nicht. Und Du willst mich nicht sehen, nicht mit mir sprechen, mir nicht erklären, was ich falsch gemacht habe. Wahrscheinlich wirst Du noch nicht einmal diesen Brief lesen.

Was habe ich verbrochen? Was habe ich Dir getan? Ich kann kaum glauben, daß ich Dir irgend etwas Schlimmes angetan haben könnte. Dafür liebe ich Dich viel zu sehr.

Sag, daß es nicht wahr ist. Ohne Dich ist alles so furchtbar kalt und düster. Sogar diese Wohnung, in der mich jeder Winkel daran erinnert, wie glücklich wir – oder nur ich? – miteinander waren. All Deine Sachen liegen noch hier herum. Kleidung, Zahnbürste, Schlafanzug … Ich liege gerade auf unserem Bett. Um mich herum schwirren die Geister unserer gemeinsamen Vergangenheit. Vergangenheit? Nein, das darf einfach nicht wahr sein!

Ich werde niemals aufhören, Dich zu lieben. Spar Dir Dein Mitleid – ich will es nicht. Ich will unsere Liebe wiederhaben. Ich werde sie nicht kampflos aufgeben. Mach Dich schon einmal auf eine sehr lange Belagerung gefaßt!

Ich habe Deinen Brief bekommen. Ich habe verstanden.

Aber sag mir eines:
Wer geht mit Dir im Regen spazieren, wenn ich nicht mehr da bin?

Wer hält Dich die ganze Nacht im Arm, wenn ich nicht mehr da bin?

Wer hört sich Deine Geschichten an, wenn ich nicht mehr da bin?

Wer treibt Dich zum Wahnsinn, wenn ich nicht mehr da bin?

AUSTRALIA
AUSTRALIA
AUSTRALIA
Fly
fondly hence
and simply say,
Amsterdam
Amsterdam
ESPAÑA
ADDRESS